Otto Kohlschmidt

Kants Stellung zur Teleologie und Physikotheologie

Otto Kohlschmidt

Kants Stellung zur Teleologie und Physikotheologie

ISBN/EAN: 9783743310100

Hergestellt in Europa, USA, Kanada, Australien, Japan

Cover: Foto ©Thomas Meinert / pixelio.de

Otto Kohlschmidt

Kants Stellung zur Teleologie und Physikotheologie

Kants

Stellung zur Teleologie

und

Physicotheologie.

Inaugural-Dissertation

der

philosophischen Facultät zu Jena

zur Erlangung der Doctorwürde

vorgelegt

von

Otto Kohlschmidt

Pfarrer in Mönchenholzhausen.

Neustadt, Herzogthum Coburg
Buch- und Accidenz-Druckerei von Emil Patzschke.
1894.

Herrn

Dr. phil. et Dr. theol.

F. Nippold

ordentl. Professor der Theologie an der Universität Jena

in dankbarer Verehrung.

Inhalt.

Einleitung.

Motive Kants zur Kritik der speculativen Theologie. Bedeutung der Einheit nach Zwecken als Princip der Naturbetrachtung. Übertriebene Erwartungen vom physisch-teleologischen Beweisgrund. Verhältnis zwischen Teleologie und Theologie. Die Möglichkeit einer theistischen Begründung der Causalitatsreihen und die Lösung theologischer Probleme durch die Teleologie. Gleichwohl ist eine reinliche Scheidung des theologischen und teleologischen Gesichtspunktes unerlässlich, die Vermengung führt zum Fehler der Physicotheologie. Nachweis des Fehlers der letzteren. Empfehlung des kritischen Weges. Interesse der systematischen Theologie an den Ergebnissen der teleologischen Forschung 1–6

I. Teil. Die Proposition, Interpretation und Beurteilung der Frage 6–46

A. Die *quaestio facti* 6–7

B. Die Zeugen 7–45

a) Die landläufigen Zeugen: Teleologie und Physicotheologie.

1. Die Teleologie durch die reflectierende Urteilskraft und die Unzulänglichkeit der Beurteilung aus dem Mechanismus als heuristisches Princip postuliert. Die Zweckmässigkeit der Natur in ihrer Mannigfaltigkeit als Princip *a priori* der reflectierenden Urteilskraft ein subjektives, transcendentales Princip. Unterschieden vom Princip der praktischen Zweckmässigkeit als einem metaphysischen. Die Aufgabe des transcendentalen Zweckprincips. Seine Annahme von der Erkenntnis eines Objekts unabhängig. Subjektive Allgemeinheit des Geschmacksurteiles, sich gründend auf den Idealismus der Zweckmässigkeit. Unterschied zwischen ästhetischer und teleologischer Urteilskraft, dem Vermögen, die objektive, reale Zweckmässigkeit der Natur zu beurteilen. Die Verwendung dieses Princips in der Naturforschung, die objektiv-formale Zweckmässigkeit (Tauglichkeit) im Unterschied zur objektiv-realen und ihre Giltigkeit. Der Naturzweck, ein Organismus und die Maschine. Die Notwendigkeit der teleologischen Beurtheilung des Organismus. Die Ausdehnung dieser Beurteilungsweise auf das Naturganze. Die Grenzen der Leistungsfähigkeit dieses Princips. Idealismus und Realismus der Naturzwecke. Ihre Vertreter in der Ge-

schichte. Die objektive Realität eines Naturzwecks ist durch
Vernunft nicht erweisbar, beruht vielmehr auf subjektiven
Bedingungen der reflectierenden Urteilskraft. Teleologische und
mechanische Naturbetrachtung haben sich zu ergänzen. Das
Princip des Mechanismus ist dem teleologischen untergeordnet.
Mit dem Occasionalismus ist die innere Zweckmässigkeit der
Natur unvereinbar. Prästabilismus als Evolutionstheorie mit
individueller Präformation und als Theorie der Epigenesis mit
generischer Präformation. Der Endzweck liegt über die Natur
hinaus und ist verschieden vom letzten Zweck der Natur, der
in der Cultur verwirklicht wird. Zweckmässiges Streben der
Natur auf supranaturale Zwecke. Der Mensch als Noumenon
ist Endzweck. Zusammenfassung der Leistungen der teleologischen Weltbetrachtung. Pointirung des Objekts des teleologischen Urteils als Leben. Die Teleologie leistet für zahl-
reiche Wissenschaftsgebiete die Dienste einer Propädeutik.
Recapitulation und neue Perspektive . . . . 7—32

2. Die Physicotheologie. Definition. Das scheinbare Recht
und die Popularität des physicotheologischen Beweisgrundes.
Die unberechtigten Ansprüche desselben. Der physicotheologische Beweis ist kein selbstständiger. Zu der von ihm be-
nutzten Analogie war er nicht befugt. Der Analogieschluss
leistet in Wirklichkeit nicht was er angeblich erreicht. Die
physische Teleologie vermag mit blossen Erfahrungsprincipien
die supranaturalen Fragen der Teleologie nie selbständig zu
lösen; sie führt mit Consequenz nur zum Polytheismus der
Alten. Der Pantheismus und Spinozismus — eine Verschiebung der Frage auf rein ontologisches Gebiet. Ohne Einsicht
in den letzten Weltzweck ist die oberste Welturzache nicht
zu bestimmen; sie ist durch physische Teleologie nie erhältich. 32—37

b) Ein neuer Zeuge: Die moralische Teleologie in der Ethikotheologie. Die That in der Freiheit des Begehrungsvermögens. Die
moralischen Gesetze Zwecke ohne Bedingung setzend. Der Endzweck der Welt: Die Existenz vernünftiger Wesen unter moralischen Gesetzen. Das höchste Gut als Endzweck: Die Würdigkeit glücklich zu sein. Die moralische Freiheit als Endziel der
Welt lässt auf den Begriff eines moralischen Welturhebers
schliessen. Fernere Bestimmung des Urwesens aus diesem Princip *a priori*. Die Annahme des moralischen Endzwecks nötigt
zur Annahme eines moralischen Welturhebers. Die Idee des
Endzwecks als Einheit des sittlichen Zwecks und des Naturzwecks. Die praktische Realität der obersten Welturzache. Die
Ideen vom Übersinnlichen sind auf den praktischen Gebrauch zu
beschränken. Die Leistungen der moralischen Teleologie für die
eschatologischen Hoffnungen sind praktischer, nicht theoretischer
Art. Die Begründung des sittlichen Endzwecks durch die Idee

	Seite
der Freiheit im Menschen. Der moralische Glaube. Die reinen Vernunftideen Gott, Freiheit, Unsterblichkeit	37—45
C. Zusammenfassung, Restriction und Urteil .	45—46
II. Teil. Historische Darlegung der Entwicklung des teleologischen Gedankens	47—74
1. In der vorkantischen Philosophie. Heraklid. Anaxagoras. Diogenes von Apollonia. Sokrates. Plato. Aristoteles. Die Epikureer. Lucretius. Die Patristik. Augustin. Die Scholastik. Baco von Verulam. Kepler und Galilei. Descartes. Spinoza. Leibniz. Die Philosophen der Aufklärung. H. S. Reimarus. Der Deismus. Die Encyclopädisten. Einwirkung des Erdbebens von Lissabon im Jahre 1755 auf die Gestaltung des teleologischen Gedankens	47—64
2. Genetische Entwicklung des teleologischen Gedankens in Kants Schriften	64—74
III. Teil. Kantinterpreten zu unserer Frage. Kuno Fischer. W. Windelband. H. Cohen. A. Stadler . .	74—88
Schluss: Übersicht und Rückblick auf den Weg der Untersuchung, Verwendung des teleologischen Princips in der Naturforschung, speciell im Darwinismus .	88—90

Kants Stellung zur Teleologie und Physicotheologie.

Die Genesis der Motive, die Kant veranlassten, in eine Kritik aller speculativen Theologie einzutreten, geht nach seinem eignen Geständnisse zurück auf eine Art wissenschaftlicher Indignation über die Anmassungen einer speculativen Vernunft, welche vorgiebt, eine Kundschaft über das Urwesen bringen zu können von einer solchen Art, wie sie doch kein Mensch jemals zu bekommen vermag. Die Motive selbst finden ihre Rechtfertigung in der für den Philosophen pflichtmässigen Erwägung, dass des Redens kein Ende werde, wenn man nicht hinter die wahre Ursache des Scheines komme, wodurch selbst der Vernünftigste hintergangen werden kann, weshalb es nötig sei, alle dialektischen Zeugen abzuhören, die ein speculativer Vernunftgebrauch zur Begründung seiner Ansprüche auf apodiktische Gewissheit seiner angeblich in jener Sphäre gewonnenen Forschungsresultate aufstellt. Bei so grossen Prätensionen schien es rathsam „gleichsam die Akten dieses Processes ausführlich abzufassen und sie im Archive der menschlichen Vernunft zur Verhütung künftiger Irrtümer ähnlicher Art niederzulegen." [1])

Es ist geschehen, da das Gewicht der obengenannten Gründe für die Aufnahme der Erörterung der für die speculative Theologie geltenden Vernunftbefugnisse ausschlaggebend

---

[1]) Kritik der rein. Vern. Elem. II. Tl., II. Abt., II. Bch., III. Hptst. 7. Abschn. Anhang. Sämmtl. W. II. S. 531/2 nach der Leipziger revidirten Gesamtausgabe in 10 Bänden. Leipzig 1838. (Hartenstein'sche Ausg.)

war, trotz der für Kant schon im Voraus völlig feststehenden Gewissheit, dass alle Vernunft im speculativen Gebrauche doch nie über das Feld möglicher Erfahrung hinaus kommen kann, und dass die Methoden und Grundsätze des obersten Erkenntnisvermögens nur dazu verwendbar sind, „um der Natur nach allen möglichen Principien der Einheit, worunter die der Zwecke die vornehmste ist, bis in ihr Innerstes nachzugehen, niemals aber ihre Grenze zu überfliegen, ausserhalb welcher für uns nichts als leerer Raum ist."[1])

Diese „vornehmste" Einheit als Princip der Naturbetrachtung, die Einheit nach Zwecken, spielt demnach eine nicht unbedeutende Rolle wie für die Auffindung und Erkenntnis allgemeiner Naturgesetze, so auch für die Grenzbestimmung der Befugnisse der speculativen Vernunft inbezug auf die Erkenntnis des Urwesens d. i. auf die Theologie *in specie*. Im Sinne der letzteren wäre sie „vornehmste", weil sie sich die Aufgabe setzt, den obersten Weltgrund als eine höchste Intelligenz erkennen zu lassen, die in causalem Verhältnisse zur Weltordnung nach Zwecken gedacht wird. Ja, der physisch-teleologische Beweisgrund würde unsere kühnsten Hoffnungen rechtfertigen: eine Theosophie, d. i. eine theoretische Erkenntnis der göttlichen Natur und seiner Existenz zu erhalten, und somit in der Lage zu sein, die physischen wie die moralischen Gesetze nach ihrem Vorhandensein und nach ihrer Wirkung hinreichend zu erklären, wenn er wirklich imstande wäre, selbstständig ohne Zuhilfenahme anderer Argumente zu leisten, was er verspricht.[2]) Und übersteigt das auch seine Kräfte, so sind doch nichtsdestoweniger seine Dienste in mehr als einer Hinsicht auch für die Theologie unentbehrlich. Denn Teleologie und Theologie sind

---

[1]) Ebendaselbst. Ueber diesen principiellen Standpunkt ist zu vergleichen: Logik, Allgem. Elementarlehre § 3 S. W. I, S. 420: „Die Idee ist ein Vernunftbegriff, deren Gegenstand gar nicht in der Erfahrung kann angetroffen werden." Anm. 2 zu diesem §: „Die Vernunftbegriffe oder Ideen können gar nicht auf wirkliche Gegenstände führen, weil diese alle in einer möglichen Erfahrung enthalten sein müssen. Aber sie dienen doch dazu, durch Vernunft in Ansehung der Erfahrung und des Gebrauchs der Regeln derselben in der grössten Vollkommenheit den Verstand zu leiten, oder auch zu zeigen, dass nicht alle mögliche Dinge Gegenstände der Erfahrung seien, und dass die Principien der Möglichkeit der letzteren nicht von Dingen an sich selbst, auch nicht von Objecten der Erfahrung als Dinge an sich selbst, gelten."

[2]) Krit. der Urteilskraft. Krt. d. tel. Urt. II. Tl. II. Abt. Anhang Allgem. Anmerkung zur Teleologie S. W. VII, S. 369/70.

derart aufs Innigste mit einander verknüpft, dass die letzten Fragen der Teleologie nur in einer Theologie ihren vollendeten Aufschluss finden können. Mechanismus, Teleologie und Theologie bilden dabei eine Klimax der Erklärungs- oder doch der Beurteilungsweisen. So ist nach allgemeinen Naturgesetzen des Mechanismus betrachtet ein Ding blos zufällig, wenn man die Möglichkeit seiner Existenz oder Form von einem Zwecke abhängig macht; d. h. wir sehen nicht ein, warum es gerade so und nicht etwa auch anders sein könnte, weil alle Mechanik an das Problem des Organismus weder methodisch noch principiell heranreicht und demselben immer fremd bleiben wird. Da es also in den organisierten Wesen Naturgegenstände gibt, welche nach allgemeinen Naturgesetzen innerhalb der Grenzen der Erfahrung nicht notwendig, sondern bloss zufällig sind, so darf, um sie auch nach der Seite ihrer, durch Naturgesetze nicht erklärten Zwecke hin erklären zu können, und ihre Zweckmässigkeit gleichzeitig zu einem notwendigen Erfahrungsbegriff zu machen, (der, wenn er nicht einzusehen ist, doch vorausgesetzt werden muss) auf einen von Naturgesetzen unabhängigen und somit auch unabhängig von der Welt existirenden Grund als notwendige Ursache solcher Naturdinge geschlossen werden. Dieser oberste Grund kann aber, um der zweckmässigen Form der Weltdinge willen, zunächst nach Analogie des nach Zwecken handelnden menschlichen Verstandes zum Behuf der Beurteilung jener Naturdinge als ein verständiges Wesen näher bezeichnet werden, allerdings ohne dass man sich anmassen darf über die Existenz und Qualität desselben objectiv bestimmend zu urteilen. Damit ist aber die Teleologie in weiterer Erforschung ihres Gebietes bereits auf dem der Theologie angelangt und im Fortgange ihrer Erkenntnisse auf die Theologie angewiesen. Indessen hat es nicht bloss bei der Zufälligkeit des Zweckmässigen in der Welt sein Bewenden, man muss vielmehr eine durchgängige Zufälligkeit aller Naturdinge zugestehen. Sobald man nämlich die Kette der Ursachen und Wirkungen bis auf das letzte Glied rückwärts verfolgt, ist man gezwungen, von diesem letzten Gliede eine unbedingte, absolute Notwendigkeit auszusagen, welche die Grenze der unserer Erfahrung unterworfenen allgemeinen Naturgesetze bereits überschreitet, also transcendental ist. Da aber ein solcher Begriff für unsere Erfahrung unanwendbar ist und uns auch kein logischer Grund hindert, die Totalität der Bedingungsreihen der Naturdinge anzunehmen nicht nur wie sie ist, sondern auch anders, oder als gar nicht existirend, kurz, als zufällig, so resultirt aus dem Unvermögen, die Totalität der Causalitätsreihen bis in ihre höchste Spitze als notwendig zu erweisen, die durchgängige Zufälligkeit aller Naturdinge, die ihrerseits keine andre Einheit als notwendige Ursache ihrer Erklärung und Beurteilung finden, als die transcendentale Idee eines von aller Erfahrung unabhängigen Grundes oder Wesens. Hieraus erklärt sich auch das Paradoxon, dass die Causalitätsreihen unter sich zwar notwendig, in ihrer Totalität jedoch nur zufällig sein können. Das „logische Vacuum" an der Spitze der Causalitätsreihen aber kann für letztere eine zureichende Begründung und für sich selbst einen angemessenen Inhalt recht wohl von einer Theologie erwarten.[1]) Hinwiederum bedarf die Theologie beispielsweise in der vernunftmässigen Beantwortung der eschatologischen Fragen, welche durch keine Psychologie gegeben werden kann, dringend der teleologischen Beurteilung unseres Daseins, da sie inbezug auf die Hoffnung eines zukünftigen Lebens und unserer ewigen Existenz nirgends einen gleich soliden Stützpunkt findet, als den Schluss der moralischen Teleologie von unserer Bestimmung als Endzweck der Schöpfung.

So stehen also Teleologie und Theologie im obengenannten Sinne in einem reciproken Verhältnisse der Ergänzung, und man kann die eine wie die andere je nach dem gewählten Standpunkte der Betrachtung in gewisser Hinsicht ebensowohl als Voraussetzung der anderen wie als deren höchste Spitze und Schlussstein ansehen. Der Unterschied in der Betrachtung besteht nur darin, dass der Weg von der Theologie zur Teleologie von einem dogmatisch gegebenen Ausgangspunkte beginnt, während der Weg von der Teleologie zu einer in praktischer Hinsicht gültigen Theologie von empirischen Thatsachen aus kritisch weiter verfolgt werden muss. Bestimmte Erkenntnisresultate auf dem einen Gebiete aber werden nicht ohne Einwirkung auf solche des anderen bleiben können. Dass es jedoch bei dieser doppelten Inbezugsetzung

---

[1]) Kr. d. Urtkrft. § 75, S. W. VII. S. 274/5. Kr. d. r. Vern. Elem. II. Tl. II. Abt. II. Bch. 3. Hauptst. 6. Absch. S. W. II, 476/7.

von Teleologie und Theologie nicht immer leicht ist, sich vor Abwegen zu hüten, zeigt der Versuch, den die Physicotheologie anstellte, indem sie kurzerhand aus den Zwecken der Natur auf die oberste Ursache und deren Eigenschaften zu schliessen sich berechtigt fühlte, ein Versuch, der wegen der Heterogeneität der empirisch erkannten Wirkungen und der transcendenten Ursache derselben, die sich dem empirischen Erkennen nicht unterwirft, und auf deren Existenz ebensowenig aus der Analogie eines zweckmässig handelnden menschlichen Verstandes geschlossen werden kann, notwendig scheitern musste. Die Physicotheologie übersah, dass vom Uebersinnlichen auf dem Wege der Naturbegriffe überhaupt keine Erkenntnis möglich ist, weil man mit Prädicaten von Objekten der Sinnenwelt zwar auf das Dasein von Etwas, was den Grund derselben enthalten muss, schliessen kann, aber nicht zur Bestimmung seines Begriffes als übersinnliches Wesen, welches mit den Prädicaten der Objecte der Sinnenwelt gar nichts zu thun hat, weiter geführt wird.[1])

Also auch hier, im Bereiche der teleologischen Urteilskraft, galt es die menschliche Vernunft vor verhängnisvollen Irrtümern zu behüten, und Kant hat nach eingehendem Zeugenverhör auch die Acten dieses Processes bis zur Entscheidung geführt, indem er in der Kritik der teleologischen Urtheilskraft Befugnisse und Grenzen für Teleologie und Theologie festlegte.

Diese für unser philosophisches wie theologisches Interesse ungemein wichtige Beziehung zwischen Teleologie und Theologie wird bei der folgenden Darlegung der Stellung Kants zur Teleologie und Physicotheologie noch schärfer hervortreten, wie sehr wir uns auch bei der Methode der Untersuchung zu hüten haben, Grundlagen und Resultate der einen Betrachtungsweise mit denen der anderen zu verwechseln, oder *bona fide* als für beide gleichwertig unbesehen anzunehmen. Indem Kant zur Eruirung der Sachlage statt des üblichen dogmatischen den kritischen Weg einschlug, bekundete er die Absicht, durch eine selbständige Untersuchung der Principien eine Ueberzeugung hervorzurufen, die sich schlechterdings nicht als Vorspann für eine vorgefasste Meinung oder sonstwie als blosses

---

[1]) Kr. d. Urtkrft. § 90. S. W. VII, S. 351, Anm. S. 352 und Anhang. Allgem. Anm. zur Teleologie S. 370, 374.

Mittel zu einem im Voraus festliegenden Zwecke benutzen lässt, die indessen die vielseitige Benutzung und Inbezugsetzung der Resultate zur Gewinnung einer obersten Einheit für unser praktisches Denken keineswegs verbietet.[1])

Somit ist die letzte Entscheidung der Frage für unser Erkennen überhaupt wie besonders für dessen praktische Verwendung in der Theologie von vitalem Interesse, indem sie zur philosophischen Begründung der systematischen Zweige der letzteren: der Dogmatik, Ethik und Apologetik — als theologischer Principienlehre — sich als durchaus unentbehrlich erweist. Dabei darf schon hier vorweg genommen werden, dass Kant die Stellung der Teleologie als Wissenschaft dahin präcisirt, dass sie ihm zu keiner Doctrin, sondern nur zur Kritik, und zwar eines besonderen Erkenntnisvermögens, des der Urteilskraft, gehört. Als solche hat sie Einfluss ebensowohl auf das Verfahren der theoretischen Naturwissenschaft in der Beurteilung der Natur nach dem Princip der Endursachen, wie auch auf die Metaphysik in ihrem Verhältniss zur Theologie, zu welcher sie als Propädeutik auftritt.[2])

I.

A. Nehmen wir also, mit Kant zu reden, die Acten des Processes mit der Frage: *quid facti?* zur Hand: Die speculative Vernunft erhebt Anspruch auf Anerkennung der objectiven Gültigkeit und Realität ihrer, angeblich auf transcendentem Gebiete gewonnenen Erkenntnisse über Existenz und Qualität eines Urwesens als notwendiger Bedingung für die Weltexistenz und als einzig zureichenden Grundes für die Weltbeschaffenheit, wie beide sich dem empirischen Erkennen darstellen. Als Eideshelfer wird die Einheit der Naturdinge nach Zwecken, welcher der Rang eines allgemeinen Naturgesetzes eingeräumt wird, in der Teleologie, und die empirisch erkannte Zweckmässigkeit

---

[1]) Es darf zur Begründung des oben Gesagten an das Motto zur Krit. der reinen Vernunft erinnert werden: *Baco de Verulamio. Instauratio magna. Praefatio: De re autem, quae agitur, petimus, ut homines . . pro certo habeant, non sectae nos alicujus, aut placiti, sed utilitatis et amplitudinis humanae fundamenta moliri. — Praeterea ut bene sperent, neque instaurationem nostram ut quiddam infinitum et ultra mortale fingant, et animo concipiant; cum revera sit infiniti erroris finis et terminus legitimus.*

[2]) Krt. d. Urtkrft. § 79. Anhang. Methodenlehre der teleolog. Urtkrft. S. W. VII S. 295/6.

der Naturdinge als angebliche Wirkung einer nach Analogie eines empirischen Verstandes wirkenden transcendenten Intelligenz in der Physicotheologie angerufen. Die Entscheidung hängt von der Beantwortung der Frage ab: Ist die speculative Vernunft mit ihren Zeugen imstande, nicht nur den Begriff eines höchsten Verstandes als Welturache in seiner Möglichkeit und Realität nachzuweisen, sondern ist sie auch imstande, diesen Begriff eines obersten, d. i. unabhängigen, verständigen Wesens als eines Gottes, als des Urhebers einer Welt unter moralischen Gesetzen, also hinreichend bestimmt für die Idee von einem Endzwecke des Daseins der Welt zu liefern? Letzteres bezeichnet Kant als „die Frage, worauf alles ankommt; wir mögen nun einen theoretisch hinlänglichen Begriff von dem Urwesen zum Behuf der gesammten Naturkenntnis, oder einen praktischen für die Religion verlangen."[1]) Diese, auf dem Gebiete der Teleologie liegende Interessengemeinschaft von Physik und Religion ist für Kants Stellung zu unserer Frage nicht unwichtig und verlieh uns zugleich das Recht, die für die Naturwissenschaft aus der physischen Teleologie erwachsenden Aufgaben mit denen aus der moralischen Teleologie für die Theologie erstehenden in Parallele zu stellen.

B, a. 1. Suchen wir aber nunmehr in Aufnahme des Zeugenverhörs vom ersten Zeugen, der T e l e o l o g i e, festzustellen, was zur Kenntnis seiner Herkunft, zur Beurteilung seines Charakters und zur Würdigung seiner Aussage zu wissen nötig ist.

Derjenige Teil unseres Erkenntnisvermögens, welcher das Besondere als unter einem Allgemeinen enthalten zu denken vermag, ist die Urteilskraft. Ist das Allgemeine als allgemeines transcendentales Gesetz, Princip oder Regel durch reinen Verstand *a priori* bereits gegeben, so verfährt die Urteilskraft, welche dies Besondere unter das bereits bekannte Allgemeine subsumiert, bestimmend; soll indess die Urteilskraft das Allgemeine, unter welches sie das gegebene Besondere subsumieren kann, erst entdecken, so ist sie reflectirend und muss sich selbst ein solches transcendentales Princip als Gesetz geben. Letzteres kann sie deshalb nicht von der Erfahrung entlehnen, weil alle empirischen Gesetze durch dieses Princip unter empirische Ge-

---

[1]) Krt. der Urt. II. Tl. Krt. d. teleol. Urtkrft. II. Abt. Anhang. Allgem. Anm. zur Teleol. S. W. VII. S. 366.

setze höherer Art gebracht werden sollen, das neue Princip also von allen empirischen Gesetzen — schon um der Möglichkeit der systematischen Unterordnung willen — specifisch verschieden sein muss. Diese Inanspruchnahme der reflectirenden Urteilskraft seitens unseres Erkenntnisvermögens in der Naturbetrachtung ist aber darum nötig, weil durch die allgemeinen Naturgesetze, welche vom reinen Verstande *a priori* gegeben sind, viele Formen der Natur gänzlich unbestimmt gelassen werden. Die reflectirende Urteilskraft sucht diese Lücke zu ergänzen, indem sie das, was von allgemeinen Naturgesetzen oder den Gesetzen der Causalität nach dem blossen Mechanismus nicht bestimmt werden kann, nach einer Einheit betrachtet, die zwar nicht vom menschlichen Verstande gegeben ist, die aber so aufgefasst wird, als ob sie gleichfalls von einem Verstande herrühre. Diese Annahme dient indess lediglich als Gesetz für unser Erkenntnisvermögen, um unsere Erfahrungserkenntnis von den Gegenständen der Natur zu erweitern, ist also nur ein heuristisches Princip, ein Mittel zum Zwecke systematische Einheit des Mannigfaltigen im Weltganzen und dadurch den grösstmöglichen empirischen Vernunftgebrauch möglich zu machen, dient aber nicht dazu, der Natur ein neues Gesetz aufzudringen, oder unsere Erkenntnis über mehr Gegenstände, als Erfahrung geben kann, zu erweitern. Das Princip, welches die reflectirende Urteilskraft inbezug auf die Form der Naturdinge als besonderen Begriff *a priori* sich selbst schafft, ist die Zweckmässigkeit der Natur in ihrer Mannigfaltigkeit. Es setzt die Uebereinstimmung der Naturdinge mit einer Beschaffenheit voraus, die nur nach Zwecken möglich ist, d. h. nach solchen Begriffen von Objekten, in welchen zugleich der Grund der Wirklichkeit der Objecte oder deren Entstehungsgrund enthalten ist. Die Natur wird also durch den Begriff der Zweckmässigkeit ihrer Formen so gedacht, als ob der Grund für die Einheit ihrer empirischen Mannigfaltigkeit in einem Begriffe liege, der nicht anders gedacht werden kann, als ob er von einem Verstande abhängig wäre. Danach ist die Uebereinstimmung der Form eines Objekts mit der diesem Begriffe entsprechenden Beschaffenheit die Zweckmässigkeit. Sie ist aber nicht ein Attribut, welches die Natur ihren Produkten verleiht, sondern ein Begriff *a priori*, ein Princip, welches die reflectirende Urteilskraft nur zur Erleichterung ihrer Aufgabe sich schafft und gebraucht, um zu einer Einheit zu gelangen, welche die Verknüpfung der empirischen Gesetze der Naturerscheinungen ermöglicht.[1]) Das Princip der Zweckmässigkeit ist somit ein bloss subjektives Princip der Urteilskraft, zugleich aber auch ein transcendentales, „durch welches die allgemeine Bedingung *a priori* vorgestellt wird, unter der allein Dinge Objekte unserer Erkenntnis überhaupt werden können.[2]) Da dieser Begriff nichts Empirisches enthält, und die Objekte *a priori* nur als Gegenstände eines möglichen Erfahrungserkenntnisses bezeichnet, so ist er unterschieden von dem Princip der praktischen Zweckmässigkeit, als einem metaphysischen Principe, welches in der Bestimmung eines freien Willens ein empirisch gegebenes Begehrungsvermögen voraussetzt, welches als Wille nicht zu den transcendentalen Prädikaten gehört. Gleichwohl ist auch dieses Princip nicht ein empirisches, sondern ein Princip *a priori*. Das Princip der formalen Zweckmässigkeit der Natur ist für unsere Erkenntnisvermögen und für deren Gebrauch ein transcendentales Princip der Urteile, ist also weder ein Naturbegriff, noch ein Freiheitsbegriff, erweist sich aber neben den im Besitze des Verstandes befindlichen allgemeinen Naturgesetzen, um einer durch letztere nicht zu schaffenden Ordnung willen, als unumgänglich nötig.[3]) Die specifische Verschiedenheit der empirischen Naturgesetze ist trotz der allgemeinen Gesetze, mit denen der Verstand ja schon eine gewisse Gleichheit der Naturdinge schafft, so gross, dass eine zusammenhängende Erfahrung ohne ein weiteres Ordnungsprincip nicht zustande kommen würde. Das, was erstrebt wird, ist: ungleichartige Gesetze der Natur womöglich unter höhere zu bringen, die aber immer noch empirisch sind; das Mittel dazu ist ein transcendentales Einheitsprincip, hier das der Zwecke. Wie weit es uns damit gelingt, zu einer Einheit aufzusteigen, und uns in der grossen Mannigfaltigkeit empirischer Gesetze zu orientiren, ist freilich unbestimmt, und es

---

[1]) Krt. d. Urtkrft. Einleitung IV. Von der Urteilskraft als einem *a priori* gesetzgebenden Vermögen. S. W. VII S. 17—19. cf. Kr. d. r. V. S. W. II. S. 510, 511, 514 5.

[2]) Ebendas. Einleitung V. S. W. VII S. 20.

[3]) Kr. d. r. V. Elem. II. Tl. II. Abt. II. Bch. 3. Hptst. 7. Abschn. Kr. all. spec. Theol. Anhang. S. W. II, S. 516.

darf uns auch das Lustgefühl, die ästhetische Befriedigung, die mit diesem Zusammenschauen mannigfaltiger Begriffe und mit dem Zurückführen auf einfachere und höhere Principien verbunden ist, nicht hindern, in diesem Beginnen dort inne zu halten, wo uns etwa eine genauere Naturkenntnis von der Heterogeneität der vorher von uns für vereinbar gehaltenen Gesetze überzeugen sollte. Dabei aber ist nicht zu leugnen, dass unser Gemüt an der Hoffnung interessirt ist, dass sich bei fortschreitender Naturkenntnis das Gegenteil von dem Ebengenannten ergeben werde, nämlich, dass fortschreitende Naturkenntniss auch die Erkenntnis einer immer grösseren Einfachheit und Zusammenstimmung der uns jetzt noch unvereinbar erscheinenden Gesetze zur Folge haben werde.[1]

Die Annahme der Zweckmässigkeit geht dem Erkenntnis eines Objekts voraus, ist also kein Erkenntnisstück, welches aus Begriffen, als mit der Vorstellung eines Gegenstandes verbunden, eingesehen werden kann; ihre Vorstellung aber ist unmittelbar mit dem Gefühle der Lust verknüpft, indem die reflectirende Wahrnehmung sie mit der Vorstellung vom Objekt verbindet. Die reflectirende Urteilskraft benutzt nämlich das Vermögen der Einbildungskraft, als Vermögen der Anschauungen *a priori*, indem sie solche Anschauungen auf Begriffe bezieht. Stimmt die Einbildungskraft unabsichtlich mit den Begriffen zusammen, so wird ein Gefühl der Lust erweckt und der Gegenstand erscheint der reflectirenden Urteilskraft als zweckmässig. So kommt ein ästhetisches Urteil über die Zweckmässigkeit eines Objektes zustande, welches zwar weder sich gründet auf einen vorhandenen Begriff vom Gegenstande, noch auch einen solchen verschafft, der aber für jeden Urteilenden mit Lust verbunden ist, weil schon in der blossen Reflexion über die Form des Gegenstandes der Grund einer Lust an der Vorstellung eines solchen Objektes notwendig gegeben ist. Wegen seiner Gültigkeit für jedermann ist also mit einem solchen Geschmacksurteile ein Anspruch auf subjektive Allgemeinheit verbunden.[2]

Die ästhetische Urteilskraft ist demnach das Vermögen, die

---

[1] Kr. d. Urtkrft. Einleitung VI. Von der Verbindung des Gefühls der Lust mit dem Begriff der Zweckmässigkeit der Natur. S. W. VII. S. 26/8.

[2] Ebendas. Einleitung VII. Von der ästhetischen Vorstellung der Zweckmässigkeit der Natur. S. W. VII, S. 28—32.

formale, subjektive Zweckmässigkeit durch das Gefühl der Lust oder Unlust, — also nach einer Regel, nicht nach Begriffen — zu beurtheilen. Dabei ist aber wohl zu beachten, dass jedes ästhetische Urteil, welches den mit dem Gefühl der Lust verbundenen Begriff der Zweckmässigkeit der Natur veranlasst, in Hinsicht auf das Gefühl der Lust und Unlust ein constitutives Princip ist. Einem ästhetischen Urteile liegt stets das Princip der Idealität der Zweckmässigkeit im Schönen der Natur und Kunst zugrunde. Der Idealismus der Zweckmässigkeit bietet daher auch die einzige Möglichkeit, ein Geschmacksurteil, welches *a priori* gültig sein soll, zu erklären. Die ästhetische Urteilskraft ist in der Beurteilung, ob etwas schön sei oder nicht, selbst gesetzgebend.[1])

Unterschieden ist die ästhetische von der teleologischen Urteilskraft als dem Vermögen, die reale, objektive Zweckmässigkeit der Natur durch Verstand und Vernunft logisch, nach Begriffen zu beurteilen. Freilich kann dafür, dass es objektive Zwecke der Natur, also Dinge, die nur als Naturzwecke möglich sind, geben müsse, weder ein Grund *a priori* angegeben, noch auch nur die Möglichkeit davon aus dem Begriffe der Natur als Gegenstand unserer Erfahrung abgeleitet werden; aber die teleologisch gebrauchte Urteilskraft will auch nur die Bedingungen angeben, unter denen gewisse Naturobjekte nach der Idee eines Zweckes zu beurteilen sind, ohne als gewiss auszumachen, ob wirkliche Erfahrung eine objektive Zweckmässigkeit solcher Objekte bestätige. Hierzu ist sie als regulatives Princip des Erkenntnisvermögens berechtigt, kraft dessen sie nur den Anspruch erhebt, eine reflectirende — keine constitutive — Urteilskraft zu sein.[2])

Als solches Princip darf aber die teleologische Beurteilung sogar in der Naturforschung Verwendung finden, wobei sie sich allerdings darauf zu beschränken hat, nach Analogie mit der Causalität

---

[1]) Ebendas. Einleitung VIII. Von der logischen Vorstellung der Zweckmässigkeit der Natur. S. W. VII, S. 32—36 zu vergl. mit S. 38 und Vorrede zur 1. Auflage vom Jahre 1790 S. 4 sowie I. Tl. Kr. d. ästhet. Urtkrft, 1. Bch. Analytik des Schönen. Zweites Moment des Geschmacksurteiles, nämlich seiner Quantität nach. § 6 S. W. VII. S. 52/3; auch Dialect. der ästh. Urtkrft. § 58 S. W. VII, S. 218/9.

[2]) Ebendas. Einl. VIII. S. 34.

nach Zwecken, wie wir sie in uns selbst finden, ein Princip der Beobachtung und Nachforschung zu bilden, ohne sich anmassen zu dürfen, aus sich heraus, selbstständig die Natur zu erklären. Ihr zufolge denken wir die Natur zur Beurteilung ihrer Objekte nicht als blossen blinden Mechanismus, sondern technisch thätig, ohne ihr jedoch absichtlich wirkende Ursachen unterzulegen, aus denen wir ohne weiteres ihre Producte ableiten könnten.[1])

Es gibt ferner neben der subjektiven Zweckmässigkeit, welche den einzigen Erklärungsgrund des Geschmackes bietet, eine objektive Zweckmässigkeit, die gleichwohl eine bloss formale, keine reale ist, eine Tauglichkeit zu allerlei Zwecken, die keinen Zweck als Grund ihrer Möglichkeit voraus setzt. Der Begriff des Gegenstandes ist nämlich dabei nicht aus dem Grunde nur möglich, weil er objektiv zweckmässig ist. Der Kreis z. B. ist, als geometrischer Ort gebraucht, von objektiver Zweckmässigkeit, aber letztere setzt nicht einmal die Möglichkeit seiner Construktion, geschweige die Realität derselben voraus. Das Umgekehrte ist vielmehr der Fall: indem ich den Kreis einem Begriffe angemessen zeichne, habe ich in diese Figur die Zweckmässigkeit hinein gebracht, da jener Begriff von einer sich erst herausstellenden Zweckmässigkeit nicht abhängig war.[2])

Dagegen ist die empirische Zweckmässigkeit, die an existierenden, in der Erfahrung gegebenen Dingen beobachtet wird, real, und von dem Begriffe eines Zweckes abhängig, da das Erkenntnissobjekt nicht mehr eine blosse nach einem Principe *a priori* bestimmte Vorstellung in uns ist, sondern ein in gewisse Grenzen ausser uns eingeschlossener Inbegriff von Dingen.

Die Empirie leitet also unsere Urteilskraft zu einer objektiven und materialen Zweckmässigkeit, welche in der Beurteilung des Verhältnisses der Ursache zur Wirkung einen Zweck der Natur anerkennt. Wird die Wirkung an sich selbst als Zweck betrachtet, so ist die Zweckmässigkeit eine innere; wird die Wirkung dagegen nur als Mittel zum zweckmässigen Gebrauch anderer Ursachen angesehen, so ist die Zweckmässigkeit

---

[1]) Kr. d. teleol. Urt. § 61. Von der objektiven Zweckmässigkeit der Natur S. W. VII. S. 229–231.

[2]) Ebendas. § 62. S. 234.

eine äussere oder relative, eine dem Dinge, dem sie zugesprochen wird, blos zufällige Zweckmässigkeit. Solche Objekte können aber nur dann als Naturzwecke angesehen werden, wenn das Ding, dem sie zweckdienlich sind, für sich selbst ein Zweck der Natur ist. Da letzteres aber durch blosse Naturbetrachtung nicht festzustellen ist, da der Zweck der Natur selbst über die Natur hinaus gesucht werden muss, so berechtigt auch die relative Zweckmässigkeit zu keinem absoluten, teleologischen Urteile, und Naturbetrachtung, auch wenn sie (relative) Zweckmässigkeit von Dingen in Beziehung aufeinander aufdeckt, schafft doch noch keine allgemeine, auf alle Dinge ausnahmslos auszudehnende Zweckmässigkeit.[1])

Ist ein Ding nur als Zweck möglich, so ist ausgeschlossen, dass seine Form nach blossen Naturgesetzen möglich ist, und es muss für die Causalität seines Ursprunges, wie selbst für das empirische Erkennen des Dinges ein Vernunftbegriff angenommen werden, der dem Mechanismus der Natur und den Naturgesetzen gegenüber als bloss zufällig erscheinen muss.[2]) Dieser Vernunftbegriff aber beherrscht das Ding, als Naturzweck betrachtet, so vollständig, dass alle Teile dieses Dinges nur durch ihre Beziehung auf das Ganze möglich sind, welches seinerseits in allen seinen Teilen von der Idee des Zweckes bestimmt wird und ein Kunstwerk bildet. Die Teile wiederum verbinden sich nur dann zur Einheit eines Ganzen, wenn sie wechselseitig von einander Ursache und Wirkung ihrer Form sind, weil nur so die Idee des Ganzen die Form und Verbindung aller Teile bestimmt. Jeder Teil wird also um der anderen und um des Ganzen willen existirend und zugleich als hervorbringendes Organ gedacht und das so entstandene Produkt als organisirtes und sich selbst organisirendes Wesen ein Naturzweck genannt. Er unterscheidet sich von einem nach Zwecken geordneten Kunstproducte, einer Maschine, die als Mechanismus nur bewegende Kraft hat, durch die ihm allein eigentümliche bildende Kraft, welche das organisierte Wesen auch solchen Materien mitteilt, welche sie an sich nicht haben. Diese Selbstorganisation der Natur hat nirgends ein Analogon mit einer physischen Causalität, die wir kennen.

---

[1]) Kr. d. Urtkrft. § 63. S. W. VII S. 237—241.
[2]) Ebendas. § 64. S. W. VII. S. 241—244 und § 78. S. W. VII. S. 288f.

und nur eine entfernte Aehnlichkeit mit unserer Causalität nach Zwecken überhaupt.[1]) Organisirte Wesen sind aber auch die einzigen Wesen in der Natur, die nur als Zwecke der Natur möglich gedacht werden können und dem Begriff eines Zweckes in der Natur objektive Realität verleihen, sie sind die einzigen, zu deren Beurteilung die Naturwissenschaft sich der Teleologie bedienen muss, die einzigen, in welchen alles Zweck und wechselseitig in der Zweckgemeinschaft der Teile auch Mittel ist. Als solche können sie auch nach keinem anderen als dem teleologischen Principe beurteilt werden, da die Idee des Zweckes, welche der Möglichkeit des Naturproductes zugrunde liegt, eine absolute Einheit der Vorstellung ist, welche neben sich nicht noch eine zweite — oder auch nur partielle — Ableitung, etwa die aus dem Mechanismus, duldet. Ist letztere nicht imstande, für solche Wesen das Princip der Beurteilung zu bilden, so muss sie der Einheit eines andern Princips weichen, welches sich von dem des Mechanismus *a limine* unterscheidet.[2]) Indess, durch die Beurteilung eines Dinges seiner inneren Form wegen als Naturzweck wird die Existenz dieses Dinges noch keineswegs für Zweck der Natur erklärt, da wir zu letzterem nur berechtigt wären, wenn wir den Endzweck der Natur kennen würden, der aber über das Gebiet aller teleologischen Naturerkenntnis hinaus liegt, indem er eine Beziehung der Natur zu etwas Uebersinnlichem voraussetzt. Der Begriff des Naturzweckes ist nun allerdings auf die Materie nur insofern anzuwenden, als sie organisiert ist, also auf ihre specifische Form, welche Naturprodukt ist, aber sie kann insofern auch von den organischen Produkten der Natur auf die Totalität derselben ausgedehnt werden, wonach man von der Natur in allen ihren Erscheinungsformen und Gesetzen als einem System nach der Regel der Zwecke nichts anderes zu erwarten braucht, als was im Ganzen zweckmässig ist, ohne doch zu behaupten, dass etwas absichtlich Zweck der Natur sei.[3])

Diese Ausdehnung des Princips der Zweckmässigkeit von den organisierten Wesen auf das Naturganze ist darum ge-

---

[1]) Ebendaselbst § 65. S. W. VII, S. 245f.
[2]) Ebendas. § 66. S. W. VII, S, 248f.
[3]) Ebendas. § 67. S. W. VII, S. 250—254.

stattet, weil die Einheit dieses übersinnlichen Beurteilungsprincips verlangt, nicht nur für gewisse Species der Natur, sondern für das gesammte Natursystem auch da als gültig, d. h. zu einem System der Zwecke gehörig, angenommen zu werden, wo wir nicht nötig haben, über den Mechanismus der blind wirkenden Ursachen hinaus ein anderes Princip für die Möglichkeit der Naturdinge anzunehmen.[1])

Aber trotz dieser Ausdehnung auf das Naturganze bleibt das Princip der Teleologie doch auf den Zweck der Natur beschränkt, und lässt sogar unausgemacht, ob die Naturzwecke absichtlich oder unabsichtlich solche sind. Man spricht zwar in der Teleologie, als ob die Zweckmässigkeit in der Natur absichtlich sei, aber indem man der Materie, dem leblosen Stoffe, diese Absicht beilegt, giebt man unmissverständlich zu erkennen, dass man der Natur nicht Absicht in eigentlicher Bedeutung des Wortes beilegt oder sie zu einem verständigen Wesen macht; aber man verwahrt sich durch diesen Sprachgebrauch zugleich davor, an die Stelle der Natur oder über sie ein verständiges Wesen als Werkmeister zu setzen. Der Begriff des Naturzweckes geht über den Begriff der Natur als Urheber nicht hinaus, also auch nicht auf theologisches Gebiet über, weil es vermessen wäre, ein Princip, welches nur zur Beurteilung der Sinnenwelt dient, auf das Uebersinnliche zu übertragen, sei es, um dasselbe zu beurteilen, oder gar, um es zu bestimmen.[2])

Eine solche Ausdehnung der teleologischen Naturbetrachtung auf die Totalität der Naturdinge kann uns allein vor dem Fehler der *ignava ratio* bewahren, welche sich die Erklärung der etwa in der Natur sich zeigenden Zwecke insofern recht bequem macht, als sie ihre Ursachen, statt sie in den allgemeinen Gesetzen des Mechanismus der Materie wenigstens zu suchen, geradezu im unerforschlichen Ratschlusse der höchsten Weisheit gegeben findet, und damit jede weitere Vernunftbemühung — zu welcher gerade Teleologie reizen will — für überflüssig ansieht. Erhebt man dagegen das Princip der Zweckmässigkeit zu einem ganz allgemeinen, für alle Naturdinge

---

[1]) Ebendas. S. 254.
[2]) Ebendas. § 68. S. W. VII, S. 254—258.

gültigen Principe, legen wir also eine Zweckmässigkeit nach allgemeinen Gesetzen der Natur zugrunde, von denen keine besondere Einrichtung ausgenommen ist, so besitzen wir ein regulatives Princip, aufgrund dessen wir die physisch-mechanische Verknüpfung nach allgemeinen Gesetzen verfolgen und erwarten dürfen, zur systematischen Einheit einer teleologischen Verknüpfung zu gelangen. So allein kann dann auch das Princip der Zweckeinheit unsere Erfahrungsbegriffe jederzeit erweitern, ohne ihnen auf irgend eine Weise schaden zu können.[1]) Damit löst sich auch die scheinbare Antinomie der Urteilskraft, welche im Widerstreit der beiden Maximen besteht: „Alle Erzeugung materieller Dinge und ihrer Form muss als nach bloss mechanischen Gesetzen möglich beurteilt werden," und: „Einige Produkte der materiellen Natur können nicht als nach bloss mechanischen Gesetzen möglich beurteilt werden (ihre Beurteilung erfordert ein ganz anderes Gesetz der Causalität, nämlich das der Endursachen.")[2]) Die scheinbare Antinomie löst sich, wenn jene beiden Maximen nicht etwa von derselben Urteilskraft gelten, vielmehr die erste von der bestimmenden, die andere von der reflectierenden Urteilskraft in Anspruch genommen wird. Diese beiden Sätze müssen aber kritisch aufgefasst, d. h. auf unser Erkenntnissvermögen bezogen werden: es sind unterschiedliche Maximen der Urteilskraft, nicht — dogmatisch aufgefasst — physikalische Lehrsätze von den Principien der Dinge, welche von der Entstehungs- und Erzeugungsart der letzteren handeln. Die Organisation als innere Zweckmässigkeit der Dinge bleibt freilich stets unerkennbar; wären die Organismen nicht innerlich zweckmässig, so wären sie auch vollständig erkennbar und es liesse sich denken, sie durch blossen Mechanismus hervorzubringen. Da sie sich aber selbst organisch erzeugen, so ist diese Art der Produktion verschieden von der, welche wir als Produktion des Mechanismus kennen. Hingegen lässt sich keineswegs beweisen, dass die organisierten Naturprodukte durch den blossen Naturmechanismus ganz unmöglich erzeugt werden könnten,

---

[1]) Kr. d. rein. Ver. Elem. II. Tl. II. Abt. II. Bch. 3. Hptst. 7. Abschn. Krit. all. spec. Theol. Anh. S. W. II. S. 523,4.
[2]) Krt. d. Urt. § 70. S. W. VII, S. 261.

und auch die Vernunft steht einem Beweise dieses Satzes so gut wie dem seines Gegenteiles — sobald solche Sätze bestimmender Art sein sollen — ratlos gegenüber, weil wir von der Möglichkeit der Dinge nach blos empirischen Gesetzen der Natur kein bestimmendes Princip *a priori* haben können.[1]) Ebensowenig kann also auch der Mechanismus der Natur, soweit wir ihn kennen, einen Erklärungsgrund für die Erzeugung solcher Wesen abgeben. Können wir demnach, der Einrichtung unseres Verstandes gemäss, die mechanische Entstehung der organischen Körper nicht beweisen, so hat die reflectierende Urteilskraft das Recht, für die offenbare Verknüpfung der Dinge nach Endursachen eine vom Mechanismus unterschiedene Art der Causalität, die einer nach Zwecken handelnden Weltursache, zu denken. Dabei will die als Grundsatz der reflectierenden Urteilskraft auftretende Teleologie durchaus nicht die Möglichkeit einer mechanischen Entstehungsweise der organischen Körper in Abrede stellen, sie muss jedoch die aus der Einrichtung unseres Verstandes folgende Unerkennbarkeit einer solchen Erzeugungsart behaupten.[2]) Sie versteigt sich auch nicht etwa *vice versa* zur Annahme der Erkennbarkeit organisierender oder zweckthätiger Ursachen, sondern will das Princip der Zweckmässigkeit nur zur Beurteilung organischer Naturdinge, ohne das Gebiet der Erfahrung zu überschreiten, verwenden. Die letztere bietet uns nämlich als Faktum, dass die organischen Körper uns als zweckmässig eingerichtete erscheinen, und wir unter solchen Gesichtspunkten über sie urteilen. Die Frage ist nur, ob dieses Faktum aus der Einrichtung unseres Verstandes selbst, oder aus der Einrichtung der Natur folgt: ob dieser Grundsatz bloss Maxime unserer Urteilskraft, daher nur subjektiv gültig, oder ob er ein objektives Princip der Natur ist, etwa dem des Mechanismus übergeordnet. Kann letzteres bejaht werden, dann ist Hoffnung vorhanden, mit Hilfe dieses objektiv gültigen Begriffs von Endursachen sogar über die Natur hinauszugelangen und den höchsten Punkt in der Reihe der Ursachen zu finden. Eine solche objektive Zweckmässigkeit kann als **Idealismus der Naturzwecke** bezeichnet werden, wenn

---

[1]) Ebendas. S. 261.
[2]) Ebendas. § 70. S. 262/3.

alle Zweckmässigkeit der Natur für eine unabsichtliche, blind und planlos wirkende, gehalten wird; als **Realismus**, wenn mindestens einige Naturzwecke für absichtlich gelten. Indem aber der Idealismus der Endursachen in der Natur leugnet, dass eine mit einem Zweck verbundene Absicht die Ursache sei, hebt er den Unterschied zwischen einer Technik der Natur und einer blossen Mechanik auf und lässt unser teleologisches Urteil unbegründet. Dass es in der Welt Einheit, Plan- und Zweckmässigkeit giebt, müsste demnach als blinder Zufall gelten. Das physische System des Idealismus der natürlichen Zweckmässigkeit, das System der Atomisten, insbesondere Demokrits und Epikurs, ist also Casualität. Aber auch das hyperphysische System des Idealismus der Zweckmässigkeit, welches die blind wirkenden Kräfte auf den Urgrund der Welt bezieht und als Fatalität die Einheit der Welt als Folge der blind waltenden Notwendigkeit der Welt oder des Schicksals zu erklären versucht, bringt keine Aufklärung über die in der Welt erscheinende planmässige Zweckmässigkeit.[1])

Spinoza erklärt die Zwecke der Natur als die einem Urwesen inhärierenden Accidenzen, dem Urwesen selbst aber räumt er inbezug auf die Naturdinge keine Causalität ein, sodass es zwar die Einheit des Grundes, die zu aller Zweckmässigkeit erforderlich ist, in sich enthält, jedoch fern von jeder nach Zwecken wirkenden Absicht ist. Aber in der blossen ontologischen Einheit des Subjekts, dem die Naturdinge inhärieren, findet die Zweckeinheit noch keine Erklärung, da diese vielmehr eine Ursache, die Verstand hat und Absicht bekundet, voraussetzt, ohne welche alle Einheit nur Naturnotwendigkeit ist. Die Begriffe: ein Ding sein; und: ein Zweck sein, müssen sich doch durch einen specifischen Unterschied von einander sondern. So kann Spinoza in seiner Verteidigung des Idealismus der Zweckmässigkeit durch die Annahme einer Einheit des Substrats aller Dinge auch nicht einmal eine unabsichtliche Zweckmässigkeit beweisen.[2])

Der Realismus der Naturzwecke, welcher die Möglichkeit einer besonderen Art der Causalität, nämlich die absichtlich

---

[1]) Ebendas. § 72. S. 264 f.
[2]) Ebendas. § 73. S. 268/9.

wirkender Ursachen annimmt, leitet entweder, als physisches System, in der Annahme einer Weltseele erst die Zweckmässigkeit der Natur an organisierten Wesen aus dem Leben der Materie ab, während er dieses Leben wiederum nur in organisierten Wesen kennt — beruht also als Hylozoismus auf einem Cirkelschlusse — oder legt, als hyperphysisches System, im Theismus dem Urwesen Verstand bei, aus welchem er die Zweckmässigkeit der Natur ableitet, ohne vorher die Unmöglichkeit der Zweckeinheit in der Materie durch den blossen Mechanismus derselben nachgewiesen zu haben, wozu er verpflichtet gewesen wäre, bevor er einen supranaturalen Grund annahm und die Dinge nicht mehr als Naturproducte, sondern als göttliche Kunstprodukte auffasste.[1]) Eine solche Annahme ist also, da der Ursprung der Dinge überhaupt unerkennbar ist, auch nur für die reflectierende, nicht für die bestimmende Urteilskraft berechtigt, und kann nicht zu einer objektiven Behauptung und auch nicht zu der einer objektiven Zweckmässigkeit führen. So leitet auch die dogmatische Behandlung des Begriffs der Naturzwecke in der Natur als eines durch Endursachen zusammenhangenden Ganzen weder zu einer objekitiv bejahenden noch objektiv verneinenden Entscheidung, da die der dogmatischen Behandlung eigene Subsumtion und Bestimmung eines Begriffs unter und durch einen andern hier zu keinem Ziele führen kann, weil in unserem Falle der problematische Begriff einer Causalität der Natur nach der Regel der Zwecke unter den nicht minder problematischen Begriff eines mit Absicht wirkenden Wesens als Urgrundes der Natur subsumirt und aus ihm bestimmt werden müsste. Hieraus könnte nur wieder ein problematisches Resultat hervorgehen, dessen objektive Realität nirgendwie bestimmt wird. Aber die innere, zweckmässige Beschaffenheit der organisierten Naturdinge ist überhaupt nicht erkennbar und der Begriff eines Naturzweckes ist seiner objektiven Realität nach durch Vernunft nicht erweislich. So bleibt nur das kritische Verfahren übrig, in welchem wir den Begriff nur in Beziehung auf unser Erkenntnisvermögen und auf die Einrichtung unserer Vernunft, demnach unter subjektiven Bedingungen betrachten, hier also sagen: „ich kann

---

[1]) Ebendas. § 74. S. 271—73.

nach der eigentümlichen Beschaffenheit meiner Erkenntnisvermögen über die Möglichkeit jener Dinge und ihrer Erzeugung nicht anders urteilen, als wenn ich mir zu dieser eine Ursache, die nach Absichten wirkt, mithin ein Wesen denke, welches nach der Analogie mit der Causalität eines Verstandes produktiv ist." [1])

Diese Maxime der reflectierenden Urteilskraft ist zur Erfahrungserkenntnis der inneren Beschaffenheit jener Objekte ganz unentbehrlich, welche nur als absichtlich so und nicht anders geformt beurteilt werden müssen, also bei den organisierten Dingen; sie ist mindestens nützlich zur Auffindung mancher Gesetze des Naturganzen, die uns, nach dem Princip des Mechanismus betrachtet, immer verborgen bleiben würden. Die organisierten Dinge sind nach der Beschaffenheit unserer Vernunft und unserer Erkenntnisvermögen ohne den Gedanken einer Erzeugung mit Absicht nicht denkbar und im Vergleiche zu einer Wirkung nach Naturgesetzen nur zufällig. Aber diese Zufälligkeit, die ihnen als Dingen, die wir uns nur unter der Bedingung eines Zweckes als möglich vorstellen können, anhaftet, gestattet auch einen Schluss auf die Zufälligkeit des Weltganzen überhaupt, welche dessen Abhängigkeit und Ursprung von einem, ausser der Welt existierenden verständigen Wesen einleuchtend macht, sodass hier der schon eingangs gestreifte Fall eintritt, dass die Teleologie die Vollendung des Aufschlusses für ihre Nachforschung auf dem Gebiete der Theologie suchen muss. Die Teleologie kann aber zum Beweise der Existenz eines solchen verständigen Wesens nicht führen, sie beweist nur, dass wir nach Beschaffenheit unserer Erkenntnisvermögen uns keinen Begriff von der Möglichkeit der Welt machen können, ohne eine absichtlich wirkende oberste Ursache derselben anzunehmen. Die Zwecke in der Natur sind uns nicht als absichtliche Motive einer obersten Ursache durch das Objekt gegeben, sondern sie werden in der Reflexion über die Naturprodukte hinzugedacht, sie beruhen also nur auf den subjektiven Bedingungen der unseren Erkenntnisvermögen angemessen reflectierenden Urteilskraft. Ihnen zufolge lautet der Schluss nicht objektiv dogmatisch: „es ist ein Gott"; sondern:

---

[1]) Ebendas. § 75. S. W. VII, S. 273 4.

"Wir können uns die Zweckmässigkeit, die selbst unsere Erkenntnis der inneren Möglichkeit vieler Naturdinge zum Grunde gelegt werden muss, gar nicht anders denken und begreiflich machen, als indem wir sie und überhaupt die Welt, uns als ein Produkt einer verständigen Ursache (eines Gottes) vorstellen." [1])

Aber soviel ist gewiss, dass wir uns damit nicht anmassen, dessen Existenz zu beweisen, oder zu urteilen, dass ein verständiges Wesen wirklich als Urheber der Welt den Naturzwecken zu Grunde liege, oder zu behaupten, dass der Grund für unser Urteil im Objekte zu suchen sei. Objektive Realität kommt nur den Verstandsbegriffen zu und die Vernunft kann objektiv und synthetisch nur so lange urteilen, als ihr die Verstandesbegriffe zur Verfügung stehen; ohne dieselben enthält die Vernunft nur regulative, keine konstitutiven Principien. Aus der blossen Möglichkeit lässt sich ferner nicht auf die Wirklichkeit schliessen, da Dinge möglich sein, einem Begriffe gemäss gedacht werden können, ohne wirklich, als Dinge an sich, gesetzt zu sein; die Unterscheidung gilt also nur subjektiv von dem menschlichen Verstande, liegt aber nicht in den Dingen selbst. Wenn aber die Vernunft fordert, einen Urgrund als unbedingt notwendig existierend anzunehmen, an welchem Möglichkeit und Wirklichkeit gar nicht mehr unterschieden werden sollen, so hat unser Verstand, als das Vermögen der Begriffe, für die Idee eines solchen Urgrundes keinen Begriff, d. h. er kann keine Art ausfindig machen, wie er ein solches Ding und seine Art zu existieren sich vorstellen soll. Für den menschlichen Verstand ist also der Begriff eines absolut notwendigen Wesens ein nicht erreichbarer, problematischer, trotzdem er eine unentbehrliche Vernunftidee ist und für immer bleiben wird, da der menschliche Verstand seiner Qualität nach nie in der Lage sein kann, den Grund der Möglichkeit gewisser Naturprodukte in einem ohne Verstand wirkenden blossen Mechanismus zu erkennen; andererseits aber ohne die Annahme jener Vernunftidee kein Einheitsprincip für jene Naturdinge zu finden wäre. Gewiss ist dagegen, dass der Verstand zur Erklärung derjenigen Naturprodukte, deren Möglichkeit

---

[1]) Ebendas. S. 276.

keine andere als die nach dem Mechanismus voraussetzt, vollständig befähigt ist. Seine Ohnmacht tritt nur dann zutage, wo das Erklärungsprincip des Mechanismus schlechterdings nicht ausreicht, wo ihm die Erfahrung Körper zeigt, deren Ganzes unmöglich als ein Aggregat oder Resultat einzelner Teile desselben aufzufassen ist. Dass aber ein höherer Verstand als der menschliche, — ein nicht bloss discursiver, welcher von den Begriffen zu Anschauungen fortgehen muss, sondern ein intuitiver Verstand, der nicht erst der Ableitung des Besonderen aus dem Allgemeinen bedarf, da er alles mit einem Blicke unmittelbar zu überschauen vermögend sein würde, — auch im blossen Mechanismus der Natur den Grund der Möglichkeit dieser Produkte finden könne, wird damit nicht ausgeschlossen; ebensowenig, dass für einen solchen Verstand beide Erklärungsarten, die aus dem Mechanismus und die aus einer mit Absicht wirkenden Ursache, einen einzigen Urgrund besitzen. Unser Verstand kann freilich zur Erklärung eines und desselben Dinges — also zur Ableitung desselben von einem deutlich erkannten Principe — nur eines der beiden Principe, mit Ausschluss des andern, verwenden, während zur Erörterung desselben auch das teleologische neben dem mechanischen in Anwendung kommen muss, wenn unser Verstand seiner discursiven Beschaffenheit entsprechend sich das Vorhandensein organischer Körper begreiflich machen und demgemäss das Ganze als den erzeugenden Grund der Teile sich vorstellen will.

Das einzige obere Princip, welche eine mechanische und eine teleologische Ableitung gemeinsam haben, kann nur ein übersinnliches sein, von dem unser Verstand sich aber keinen Begriff machen kann, wenngleich seine Möglichkeit als Vernunftidee gesichert ist. In ihm müssen, wie Begriff und Anschauung im intuitiven Verstande, die zweckthätige und die mechanische Erzeugungsart unmittelbar zusammenhängen.

Somit rechtfertigt sich der Grundsatz der Teleologie: „dass, nach Beschaffenheit des menschlichen Verstandes, für die Möglichkeit organischer Wesen in der Natur keine andere als absichtlich wirkende Ursache könne angenommen werden und der blosse Mechanismus der Natur zur Erklärung dieser ihrer Produkte gar nicht hinlänglich sein könne; ohne doch dadurch in Ansehung der Möglichkeit solcher Dinge selbst durch diesen Grundsatz entscheiden zu wollen." [1])

Da also beide Principe der Naturbetrachtung, das nach Zwecken ebensowohl wie das nach dem Mechanismus, ihre volle Berechtigung haben, — das mechanische, welches als wissenschaftliche Erklärungsart für alle Körper gilt, auch für die organischen, wenn es auch in Hinsicht auf diese nicht ausreichend ist, und das der Teleologie, welches die nach mechanischer Erklärungsart unauflöslichen Rätsel der Lebenserscheinungen in einer unserem Denken angemessenen Form zu lösen vermag, so dass jedes Princip für sich, wie in der richtigen Verknüpfung mit dem anderen und in ihrer gegenseitigen Ergänzung zur Erklärung der Naturdinge unumgänglich notwendig ist — so gründet sich auf diese Erkenntnis die Befugnis: „alle Produkte und Ereignisse der Natur, selbst die zweckmässigsten, soweit mechanisch zu erklären, als es immer in unserem Vermögen steht, dabei aber niemals aus den Augen zu verlieren, dass wir die, welche wir allein unter dem Begriffe vom Zwecke der Vernunft zur Untersuchung selbst auch nur aufstellen können, der wesentlichen Beschaffenheit unserer Vernunft gemäss, jene mechanischen Ursachen ungeachtet, doch zuletzt der Causalität nach Zwecken unterordnen müssen." [2])

In welchem Verhältnisse stehen nun diese beiden Principien zu einander in der Erklärung eines Dinges als Naturzweck? Da bei den organisierten Wesen immer irgend eine ursprüngliche Organisation als zum Grunde liegend gedacht werden muss, eine Organisation, welche den Mechanismus selbst benutzt, um andere organisierte Formen hervorzubringen, oder die seinigen zu neuen Gestalten zu entwickeln, so folgt, dass bei der Beurteilung der Naturdinge als Naturzwecke das Princip des Mechanismus dem teleologischen notwendig untergeordnet sein muss. Ueberhaupt auf jenes verzichten kann das teleologische Princip indessen keineswegs, da der bloss teleologische Grund eines solchen Wesens nicht hinlangt, um es zugleich als ein Produkt der Natur zu erkennen und zu beurteilen,

---

[1]) Ebendas. § 78. S. W. VII, S. 292 zu vergl. mit: Krit. der rein. Vern. Elem. II. Tl. II. Abt. II. Bch. 3. Hptst. 7. Abschn. Krit. aller spec. Theol. Anh. S. W. II, S. 520/2.

[2]) Ebendas. § 78 S. 294.

reichte es hin, so wären die Naturzwecke nicht mehr Naturprodukte. Freilich bleibt die Möglichkeit einer Vereinigung dieser zwei ganz verschiedenen Arten von Causalität für unsere Vernunft unbegreiflich, da diese Möglichkeit im übersinnlichen Substrat der Natur liegt, von dem wir nichts bejahend bestimmen können, als dass es das Wesen an sich sei, an welchem wir bloss die Erscheinung kennen. Die erste Ursache der Entstehung lebendiger Wesen muss demnach als zweckthätig, die Mittelursachen müssen als mechanisch wirkend gedacht werden, sodass die mechanische Wirksamkeit der technischen untergeordnet erscheint, der Mechanismus als Organon des architektonischen Verstandes in der Natur. Auf die Art des letzteren lässt nur die teleologische Betrachtung ein helleres Licht fallen. Das teleologische Princip verlangt nämlich als ein regulatives Princip die systematische Einheit als Natureinheit *a priori* aus dem Wesen der Dinge folgend vorauszusetzen. Würde man die Zweckmässigkeit in der Natur als zum Wesen derselben gehörig nicht voraussetzen können, so würde man sich auch auf keine Weise der höchsten Vollkommenheit eines Urhebers, als einer schlechterdings notwendigen, mithin *a priori* erkennbaren Vollkommenheit nähern können.[1]

Die Erzeugung organisierter Wesen nach dem teleologischen Principe macht der Occasionalismus von der obersten Weltursache abhängig, welche ihrer Idee gemäss bei Gelegenheit einer jeden Begattung der in derselben sich mischenden Materie unmittelbar die organische Bildung giebt. Die Natur bietet nur den äusseren Anlass, die Gelegenheit, bei welcher ein lebendiges Wesen unmittelbar aus der Hand Gottes hervorgeht. Damit geht aber hinsichtlich der Erzeugung solcher Wesen alle Natur verloren und mit ihr auch aller Vernunftgebrauch über die Möglichkeit einer solchen Art Produkte zu urteilen. Mit dem Occasionalismus ist infolgedessen auch die Idee der inneren Zweckmässigkeit der Natur ganz unvereinbar.

Der Prästabilismus dagegen lässt in der Evolutions- oder besser Involutionstheorie jedes Individuum insofern unmittelbar

---

[1] Kr. d. Urt. § 80. S. 297—301, zu vergl. mit: Kr. d. r. Vern. am letztgen. Orte, S. 525.

aus der Hand des Schöpfers kommen, als er aufgrund einer **individuellen** Präformation den Embryo schon im Anfang der Welt auf übernatürliche Weise durch eine oberste verständige Weltursache gebildet sein lässt; sein Zustand vor der Geburt und Zeugung ist also Involution: Einschachtelung; sein Gezeugt- und Geborenwerden Evolution: Auswickelung. Diese Theorie, welche Leibniz vertrat und verteidigte, ist aber nicht brauchbarer als der Occasionalismus, der durch die gelegentliche Schöpfung wenigstens keine übernatürlichen Anstalten erfordert, durch welche der aufgrund einer individuellen Präformation gebildete Embryo bis zu dem Zeitpunkte unverletzt aufbewahrt werden könnte, in welchem er zur Auswickelung gelangt. Ja, die Evolutionstheorie hat sogar dafür zu sorgen, dass nicht etwa eine grössere Zahl präformierter Wesen vorhanden sind, als dann entwickelt werden können, damit nicht vielleicht manche Schöpfungen überflüssig und zwecklos erscheinen müssten. Dabei wird allerdings im Gegensatz zum Occasionalismus der Natur wenigstens das Geschäft der Auswickelung und Ernährung selbstständig überlassen, während wiederum die Erscheinung der Missgeburten und Bastarde diese Theorie arg ins Gedränge bringt, aus dem sie sich nur durch eine kühne Inconsequenz zu retten vermag, indem sie einem Teile der materiellen Bildungselemente der Geschöpfe, dem männlichen Samen, eine zweckmässig bildende Kraft zugesteht.

Dagegen leistet der Prästabilismus in der Theorie der Epigenesis, oder dem System der **generischen** Präformation der Vernunft Genugthuung. Die Natur erscheint hier, was die Fortpflanzung betrifft, als selbst hervorbringend, während dem Uebernatürlichen nur die einzige Aufgabe zuerkannt wird, nach zweckmässigen Anlagen die specifische Form *virtualiter* als Keim im Stamme zu präformieren, alles Folgende: Entwicklung des Keims zu individuellem Leben in der Zeugung, Fortpflanzung und Wachstum, der Natur überlassend. Diese Theorie wahrt also alle von uns erkennbaren Rechte der Natur und macht von dem Uebersinnlichen zur Erklärung den eingeschränktesten Gebrauch; indem sie es nur für den ersten Anfang organische Wesen supponirt, für welchen mechanische Gesetze anzunehmen vernunftwidrig wäre. Dabei verbleibt dem Naturmechanismus sogar ein gewisser Anteil an der Organisation, der als solcher im Bildungstriebe Anerkennung verdient.[1] Das Auseinandertreten organisierter Wesen in zweierlei Geschlechter beweist nichts gegen die innere Zweckmässigkeit derselben, da hinsichtlich der Fortpflanzung ihrer Art die Vereinigung beiderlei Geschlechts doch ein organisierendes Ganzes, wenn auch selbst nicht in einem einzigen Körper, so doch in jener Hinsicht für einander organisiert, ausmacht. Hier ist vielmehr der einzige Fall, wo äussere Zweckmässigkeit in der Natur zugleich eine innere ist, wo der innere Naturzweck eines Daseins darin besteht, Mittel für ein anderes zu sein.

Der Zweck eines organisierten Wesens liegt nun entweder in ihm selbst, ist also zugleich Endzweck, oder ist ausser ihm in einem andern Naturwesen, dem es, selbst zweckmässig existierend, als relativer Naturzweck notwendig zugleich als Mittel dient. Nur für organisierte Wesen können andre Naturdinge zweckmässig sein. Es kann aber kein Naturwesen den Anspruch erheben, letzter Zweck der Natur und somit Endzweck zu sein: auch der Mensch nicht, sofern er blosses Naturwesen ist, welches dem absichtslosen Mechanismus der Natur ausnahmslos unterworfen ist; in der Sinnenwelt sind eben alle Zwecke und Mittel bedingt. Erst wenn die Naturdinge auf ein übersinnliches Substrat bezogen werden, kann die Frage, ob sie Endzweck der Schöpfung, also bedingungslos Zweck sind, beantwortet werden. Letzter Zweck der Natur kann nur ein Wesen sein, welches selbst Zwecke setzen, nach Zwecken handeln, die Natur als Mittel zum Zwecke gebrauchen, kurz, sich selbst zu seinem Zwecke machen kann. Und da wir den Menschen nicht nur wie alle organisierten Wesen als Naturzweck betrachten, sondern für ihn, sofern er Intelligenz und Wille ist, Vernunft und Freiheit in Anspruch nehmen, damit aber zugleich auch ein übersinnliches Substrat supponieren, so darf er auch hier auf der Erde als letzter Zweck der Natur gelten, sodass alle übrigen Naturdinge in Beziehung auf den Menschen ein System von Zwecken bilden. Der Mensch, als einzig verständiges und sich selbst willkürlich Zwecke setzendes Wesen, ist insofern „betitelter Herr" der Natur und seiner Bestimmung nach der letzte Zweck der Natur unter der Bedingung,

---

[1] Kr. d. Urt. § 81. S. W. VII. S. 305.

dass er es versteht und den Willen hat, der Natur und sich selbst eine Zweckbeziehung zu geben, die Endzweck sein kann. Letzterer wird aber in der Natur selbst nicht gefunden, da er im Uebersinnlichen liegt.

Der Endzweck des Menschen weist also über die Natur hinaus und ist somit verschieden von dem letzten Zwecke der Natur. Dieser letztere soll vielmehr den Menschen erst vorbereiten das zu thun, wodurch er zum Endzwecke wird. Der letzte Zweck der Natur ist, wie die Erfahrung lehrt, nicht die Glückseligkeit des Menschen auf Erden, als die grösste und dauerndste Befriedigung seiner Triebe und Wünsche, da die Natur nirgends die Absicht bekundet, den Menschen vor allen übrigen Naturwesen in solcher Weise auszuzeichnen. Der Natur gegenüber ist der Mensch ohne Vorzug nur ein Ding unter Dingen. Die Glückseligkeit auf Erden ist demnach weder Endzweck — der ja doch im Uebersinnlichen liegt — noch auch letzter Zweck der Natur; wäre sie letzteres, so würde sie den Menschen verleiten, sich dabei zu begnügen und ihn mit seiner Zwecksetzung nicht über die Natur hinausführen, ihn also auch nicht befähigen oder ermutigen, sich einen über die Natur hinausliegenden Endzweck zu setzen. Aber ein Zweck, der nicht über die Glückseligkeit auf Erden hinausgeht, ist einem freien Wesen nicht angemessen; der Wert seines Lebens kann unmöglich in dem liegen, was er geniesst. Nur der Zweck wird der letzte Zweck der Natur sein können, welcher den Menschen befähigt, sich selbst Zwecke überhaupt zu setzen und ihm gleichzeitig dazu verhilft, zum Endzweck zu werden. Da nun die Hervorbringung der Tauglichkeit eines vernünftigen Wesens zu beliebigen Zwecken die Cultur ist, so ist sie auch der letzte Zweck der Natur, welcher den Menschen vorbereitet das zu thun, wodurch er zum Endzwecke wird. Als Cultur der Zucht befreit sie den Willen vom Despotismus der Begierden, welche die Natur uns gab, damit wir die Bestimmung der Tierheit in uns nicht vernachlässigten oder verletzten. Die Cultur der Zucht zwingt die Triebe sich den Zwecken der Vernunft unterzuordnen. Die hauptsächlichste subjektive Bedingung der Tauglichkeit zur Beförderung der Zwecke überhaupt ist die Geschicklichkeit, die in der Menschengattung nur durch die Ungleichheit der Menschen entwickelt wird. Auch das glänzende Elend der Welt ist mit der Entwickelung der Naturanlagen in der Menschengattung verbunden und hilft den letzten Zweck der Natur erreichen. Die formale Bedingung, unter welcher die Natur ihre Endabsicht allein erreichen kann, ist die gesetzmässige Gewalt der bürgerlichen Gesellschaft, eines Ganzen, in welchem ebensowohl die Ansprüche des einzelnen beschränkt, wie die Naturanlagen und Interessen aller Gesellschaftsmitglieder aufs höchste entwickelt und gefördert werden. Die letzte Consequenz hiervon müsste ein kosmopolitisches Ganze, ein System aller Staaten sein, dessen Gründung und Bestand allerdings die höchste Weisheit und Willigkeit aller Menschen voraussetzen würde, in deren Ermangelung die Rivalität der Staaten untereinander und der Austrag der Streitigkeiten im Kriege, unvermeidlich ist. Aber der durch zügellose Leidenschaften erregte Krieg ist als letzte Folge menschlicher Thorheit und Einsichtslosigkeit zugleich vielleicht doch auch ein beabsichtigtes Mittel der obersten Weisheit mit der Freiheit der Staaten Gesetzmässigkeit und Einheit eines moralisch begründeten Systems derselben vorzubereiten, weshalb trotz der schlimmsten Drangsale, die nicht nur er selbst, sondern auch die stete Kriegsbereitschaft im Frieden mit sich bringt, der Krieg doch eine Triebfeder mehr ist, alle zur Cultur dienenden Talente bis zum höchsten Grade zu entwickeln. Daher hat „der Krieg, wenn er mit Ordnung und Heiligachtung der bürgerlichen Rechte geführt wird, sogar etwas Erhabenes an sich." [1])

So ist es also ganz unverkennbar das zweckmässige Streben der Natur uns für höhere als die blossen Zwecke der Natur sind, empfänglich zu machen und uns zu einer Herrschaft zu befähigen und vorzubereiten, in welcher die Vernunft allein Gewalt haben soll. In diesem Streben bilden die Uebel, die teils von der Natur, teils von der menschlichen Insolenz und Selbstsucht ausgehen, im Ganzen nur ein Mittel unsere Seelenkräfte zum Widerstande zu rüsten und zu stärken, und uns dadurch einer Tauglichkeit zu höheren in uns verborgen liegenden Zwecken zu versichern. Dieses zweckmässige Streben

---

[1]) Kr. d. Urt. I. Tl. Kr. der ästh. Urt. I. Absch. II. Bch. Analyt. d. Erhabenen. B. Vom Dynamisch-Erhabenen der Natur. § 28. S. W. VII. S. 114.

der Natur auf supranaturale Zwecke hin geht nämlich auch ganz unverkennbar hervor aus der unabweislichen Frage, welche die Realität der Zweckverbindung in der Welt und die ihr zugrunde liegende Causalität einer absichtlich wirkenden Ursache erhebt, aus der Frage, welchen objektiven Grund diese absichtlich wirkende Ursache als produktiver Verstand gehabt habe, Wirkungen zweckmässiger Art hervorzubringen. Dieser objektive Grund würde dann der Endzweck dieser Dinge sein, der Zweck, der keines weiteren als Bedingung seiner Möglichkeit bedarf, der also unbedingt und bloss von seiner eigenen Idee abhängig ist.

Das einzige Naturwesen, dessen Causalität teleologisch, auf Zwecke gerichtet und dabei zugleich von der Art ist, dass das Princip, nach welchem es sich Zwecke setzt, durch nichts bedingt, also frei und doch notwendig, d. h. ein Endzweck ist: das ist der Mensch als Noumenon, an welchem, neben dem übersinnlichen Vermögen der Freiheit, das Gesetz der Causalität erkannt wird, deren Objekt, das höchste Gut in der Welt, von ihm sich selbst als höchster Zweck gesetzt werden kann. Somit trägt der Mensch als moralisches Wesen in seinem Dasein den höchsten Zweck in sich, dem er die ganze übrige Natur dienstbar machen darf, und, sofern sie ihm widerstreitet, unterwerfen muss. So finden die einander untergeordneten Zwecke der Schöpfung das letzte erkennbare Glied ihrer Kette und ihre letzte Beziehung im Menschen, der als Subjekt der Moralität Endzweck der Schöpfung ist, durch dessen Dasein alle Zweckmässigkeit der Natur ein Ziel erhält, da er sich alle Zwecke in unbedingter Gesetzgebung unterwirft und daher die gesamte Natur teleologisch sich unterordnet.[1]

Fassen wir mit Kant zusammen, was die teleologische Weltbetrachtung leistet, so ist es folgendes: Sie lehrt:

1., Wozu die Dinge in der Welt einander nützen.
2., Wozu das Mannigfaltige in einem Dinge für dieses Ding selbst gut ist.
3., Dass man sogar Grund habe anzunehmen, dass nichts in der Natur umsonst, sondern Alles irgend wozu in

---

[1] Kr. d. Urt. § 84. S. 316—318.

der Natur gut sei, unter der Bedingung, dass gewisse Dinge als Zwecke existieren sollten.

4., Dass ihre Anwendung bei den organisirten Naturwesen ganz unvermeidlich ist.

5., Dass sie das einzige Princip für die Möglichkeit der Organismen ist, welches die Vernunft für die Urteilskraft zum Gebrauche bereit hält.

6., Dass sie als solches Princip der reflectierenden Urteilskraft den Mechanismus der Natur der Architektonik eines verständigen Welturhebers unterordnet. [1])

An diese kantische Recapitulation möge sich eine weitere Pointierung des im Vorhergehenden Ausgeführten hier anschliessen. Die beiden Hauptbegriffe, mit denen es die reflectierende Urteilskraft zu thun hat, sind die Schönheit und das Leben. Die Beurteilung der Schönheit fällt unter die ästhetische, des Lebens unter die teleologische Urteilskraft. Der letzteren eigentümlicher Gegenstand ist die organisierende Natur und die lebendigen Dinge. Inbezug auf sie lehrt Teleologie die Natureinheit nach allgemeinen Gesetzen ergänzen. Kuno Fischer bezeichnet den Gedanken, dass in der Natur das Leben nicht Mechanismus, sondern Organisation sei, und dass sich diese nicht aus den bewegenden Kräften der Materie hinreichend erklären lasse, als einen der frühesten Gedanken Kants, der hier erst in die volle Beleuchtung der kritischen Philosophie tritt. [2]) Das Thema der Kritik der teleologischen Urteilskraft ist ihm zufolge die kantische Lehre, dass das Urteil über die zweckthätige Naturkraft kein bestimmendes, sondern nur ein reflectierendes sei, welches als Erkenntnis unmöglich, aber als Betrachtung notwendig ist, um die Erscheinungen zu beurtheilen, nicht um Principien zu bestimmen. [3]) Erklären können wir die physischen Körper nur mechanisch, beurteilen können wir die lebendigen Körper nur teleologisch. Daher muss die naturwissenschaftliche Be-

---

[1]) Ebendas. § 85. S. 320, zu vergl. mit Kr. d. r. Vernunft. Kr. aller spec. Theol. Anh. S. W. II, S. 521/524.

[2]) Kuno Fischer, Geschichte der neueren Philosophie. Immanuel Kant und seine Lehre. Teil I und II. Der neuen Gesamtausgabe III. und IV. Bnd. 3. Aufl. Heidelberg 1889. Bnd. IV. S. 481.

[3]) Ebendas. S. 482 3. — Anderwärts (philosophische Schriften 2: Kr. der Kantischen Philosophie. 2. Aufl. Heidelberg 1892. Seite 217 [63]) bezeichnet K. Fischer das Thema der Kr. d. teleol. Urt. anders. Davon später.

trachtung jene Erklärungsweise mit dieser Beurteilungsweise vereinigen. Es ist Schwärmerei alles in der Natur teleologisch erklären, und es ist phantastisch das Leben in der Natur nur mechanisch begreifen zu wollen. [1])

Die Teleologie leistet für eine Reihe von Doctrinen die Dienste einer Propädeutik. Sie giebt den Anstoss zur comparativen Anatomie, indem sie auf die Urformen hinweist; zur Morphologie, indem sie den Weg der Umbildungen verfolgt. Für die kritische Philosophie weist sie durch die Beurteilung des Menschen als letzten Zweck der Natur vermöge seiner Intelligenz und seines Willens die Berechtigung und Notwendigkeit nach, den Menschen als Vernunftwesen *sui generis* zu betrachten. Für die Sittenlehre gewinnt die Teleologie durch die Setzung eines Endzwecks das Resultat, dass der Zweck des Menschen nicht die Glückseligkeit, sondern das sittliche, in der guten Gesinnung gegründete Leben sei; die Ergebnisse und Voraussetzung der Glaubenslehre bestätigt sie, indem sie die Ursache der Welt nach dem Endzwecke beurteilt. Durch den Nachweis der Notwendigkeit eines Rechtsstaates zur Beförderung der Cultur als letzten Naturzweck bestätigt die Teleologie die Forderungen der Rechtslehre. Für die wissenschaftliche und ästhetische Betrachtung der Dinge in Philosophie und Kunst, welche die Kritik der ästhetischen Urteilskraft zu beleuchten hat, ist die Teleologie unentbehrlich. [2]) Kant benutzt diese Dienste der Teleologie als Propädeutik bei denjenigen der obengenannten Disciplinen, welche von ihm selbst angebaut worden sind, oder findet, dass die Resultate der Teleologie mit denen jener Disciplinen übereinstimmen.

Die Teleologie hat bisher zwei Hauptaufgaben gelöst; sie hat die durch Empirie gegebenen Zwecke durch teleologische Erfahrungsurteile verknüpft und sie hat ferner die Reihe der Naturzwecke durch das letzte Glied, den Endzweck der Natur mit dem Menschen als Subjekt der Moralität geschlossen. Soll die Teleologie zu einem vollständigen Systeme werden, so müsste sie auch die dritte Aufgabe lösen, nämlich: die Zwecke durch eine oberste Ursache begründen. Das Resultat dieser Bemühung würde zugleich die Grundlage einer Theologie sein;

---

[1]) K. Fischer. Gesch. der Ph. IV., S. 499, 500, 502.
[2]) Ebendas. S. 500, 507, 508, 509, 514.

der Lösungsversuch, welchen die Teleologie durch den Begriff der natürlichen oder empirischen Zwecke als physische Teleologie unternimmt, würde eine Physicotheologie zeitigen; sucht dagegen die Teleologie den Weg zur Theologie durch den Begriff der moralischen Zwecke zu bahnen, so würde sie als moralische Teleologie zu einer Moral- oder Ethikotheologie führen.

Prüfen wir zunächst den Lösungsversuch der ersteren.

B. a, 2. Die Physicotheologie ist „der Versuch der Vernunft aus den Zwecken der Natur (die nur empirisch erkannt werden können) auf die oberste Ursache der Natur und ihre Eigenschaften zu schliessen";[1] also der Versuch, auf eine physische Teleologie eine Theologie zu gründen. Theologie ist dabei in der engeren Bedeutung der Erkenntnis eines Urwesens gebraucht. Der Weg, welcher hier eingeschlagen wird, beginnt also von der bestimmten Erfahrung der Beschaffenheit, der Zweckmässigkeit und weisen Ordnung in der Sinnenwelt und steigt von da aus bis zur höchsten Ursache ausser der Welt hinauf unter analoger Anwendung der Gesetze empirischer Causalität auf eine transcendente Ursache.[2] Die Hauptmomente, welche einen solchen Schluss vorbereiten, sind folgende: Es sind in der Welt unverkennbare Spuren einer absichtlichen Anordnung; die gesamte Welt erscheint als ein Ganzes infolge einer, mit höchster Weisheit geordneten unbeschreiblichen Fülle mannigfaltiger Erscheinungen, die als Ganzes eine unbegrenzte Grösse ihres Umfanges zeigen. Aus der Natur selbst lässt sich die zweckmässige Anordnung der Dinge nicht erklären. Es lässt sich aus ihnen auch nicht die Klimax der Zweckverbindungen verstehen, welche ihrerseits nur als Mittelursachen in aufsteigender Reihe für bestimmte und zum Teil auch erkennbare Endabsichten dienen. Diese setzen vielmehr ein anordnendes vernünftiges Princip voraus. Die erhabene und weise Ursache dieser Erscheinungen kann nicht eine blindwirkende, allvermögende, durch Fruchtbarkeit die Welt hervorbringende Natur sein, sondern giebt sich als durch Freiheit wirkende Intelligenz zu erkennen. Dass diese Welturache eine Einheit

---

[1] Kr. d. Urt. § 85. S. W. VII. S. 318.
[2] Kr. d. rein. Vern. Elem. II. Tl. II. Abt. II. Bch. 3. Hptst. 3. Abschn. Von den Beweisen des Daseins eines höchsten Wesens. S. W. II. S. 455.

ausmache, darf aus der Einheit in der wechselseitigen Beziehung der Teile der Welt, welche durch unser empirisches Erkennen festgestellt wird, nach Analogie dieser Erfahrungsthatsache auch für einen supranaturalen Urgrund mit Wahrscheinlichkeit geschlossen werden.[1]) Diese Schlüsse stehen mit unserem durch die Naturbetrachtung angeregten Empfinden im besten Einklange. Die Mannigfaltigkeit und Ordnung, die Zweckmässigkeit und Schönheit der Welt, die Unermesslichkeit des Makrokosmos wie des Mikrokosmos verlangen eine Beurteilung, zu welcher die Masstäbe, über welche der Verstand durch Erfahrung verfügt, sich als unzureichend erweisen. Jede Ursache, die wir als solche erkennen, weist auf eine andere hin, und die Kette derselben müsste schliesslich am Nichts aufgehängt erscheinen, oder sich in der Unendlichkeit auflösen, nähme man nicht etwas an, was für sich selbst unabhängig und ursprünglich bestehend den Ausgangspunkt derselben bildete und zugleich den Grund des Ursprunges wie der Fortdauer in sich trüge. Und bedürfen wir einmal hinsichtlich der Causalität eines obersten Wesens, so spricht nichts dawider, dass wir es uns, dem Grade der Vollkommenheit nach, über alles andere Mögliche gesetzt denken, ja, wenn wir es uns vorstellen als eine eigene Substanz, in welcher alle mögliche Vollkommenheit sich vereinigt. Aus diesen Gründen ist dieser älteste Gottesbeweis zugleich der populärste und fasslichste. Das Studium der Natur wird durch ihn belebt und liefert für ihn selbst durch die Entdeckung neuer Zweckbeziehungen und neuer Gesetze einer weisen Ordnung die Waffen zu seiner Verteidigung und für sein Dasein neue Nahrung. Solche vermehrte Kenntnisse wirken dann wiederum auf die Idee ein, von welcher man ausging, „und vermehren den Glauben an einen höchsten Urheber bis zu einer unwiderstehlichen Ueberzeugung." [2])

Aber trotz des rühmenswerten Nutzens und der Genugthuung, welche dieser Beweis unserm natürlichen Empfinden verschafft, müssen die Anforderungen auf apodiktische Gewissheit der durch ihn gefolgerten Schlüsse als übertrieben und unberechtigt zurückgewiesen werden. Der physicotheologische

---

[1]) Ebendas. S. 479.
[2]) Ebendas. S. 477. cf. S. 521.

Beweis ist nicht einmal ein selbstständiger Beweis, da er ohne Zuhilfenahme des kosmologischen und mit diesem des ontologischen Beweises auf halbem Wege stehen bleiben müsste, ohne je über das Gebiet empirischer Nachforschung hinaus zu kommen. Die natürliche Vernunft ist nicht befugt, aus der Analogie einiger Naturprodukte mit menschlichen Kunstprodukten auf Verstand, Absicht und Willen zu schliessen; sie kann es nicht verantworten, von einer ihr bekannten Causalität einfach durch Analogie zu unerweislichen Erklärungsgründen überzugehen. Durch die Zweckmässigkeit der Naturdinge würde zudem höchstens die Zufälligkeit ihrer Form, nicht zugleich die Zufälligkeit ihrer Substanz, der Materie, nachgewiesen. Zu letzterem müsste erst der Beweis vorausgesetzt werden, dass die Materie als Substanz der Welt nach allgemeinen Gesetzen nicht zu einer solchen Ordnung tauglich ist, es sei denn, dass sie ein Produkt der höchsten Weisheit wäre. Das zu beweisen ist aber die Analogie mit menschlichen Kunstprodukten nie imstande, weil bei diesen an eine Möglichkeit autonomer Wahl und Formung des Stoffes durch sich selbst nach allgemeinen Gesetzen gar nicht gedacht werden kann, was bei den Naturprodukten, auch den zweckmässig geordneten, solange nicht für ausgeschlossen gelten kann, bis nicht das Gegenteil, nämlich die Einwirkung einer, nach besonderen Zwecken und Absichten verfahrenden, ausserweltlichen Intelligenz nachgewiesen ist. Der Beweis nach Analogie mit den menschlichen Kunstprodukten würde also als oberste Ursache höchstens die Annahme eines „Weltbaumeisters", der wie der Künstler durch seinen Stoff beschränkt ist, rechtfertigen, nicht aber die eines Weltschöpfers, von dem Ausprägung der Form und Vorhandensein des Inhalts, des Stoffes in gleicher Weise abhängig sind. Der physicotheologische Beweisschluss geht nun von der in der Welt durchgängig zu beobachtenden Ordnung und Zweckmässigkeit auf das Dasein einer ihr proportionierten Ursache. Dieselbe muss als ein allgenügsames Wesen auch alle Vollkommenheit besitzen. Zu einem solchen Begriffe aber gelangen wir durch blosse Naturbetrachtung nie, weil die Begriffe von Grösse, Macht, Weisheit, Einheit etc., welche wir auf diesem Wege gewinnen, nur relativ sind zu der von uns gemachten Beobachtung der Weltgrösse, Weltordnung und

Welteinheit, ohne dass wir imstande wären, von da zu den Aussagen absoluter Vollkommenheit: Allmacht, höchste Weisheit, absolute Einheit etc., aufzusteigen. Kommt also hier der physicotheologische Beweis durch den empirischen Weg ganz unmöglich zu absoluter Totalität, so operiert er nun plötzlich mit rein transcendentalen Begriffen, indem er vom Begriffe der aus der Ordnung und Zweckmässigkeit der Welt geschlossenen Zufälligkeit derselben fortgeht zum Begriff eines Schlechthin – Notwendigen und von diesem zu dem durchgängig bestimmten oder bestimmenden Begriff desselben, zu dem einer allbefassenden Realität. Aus dieser Operation geht hervor, dass der physicotheologische Beweisversuch, sobald er auf rein physicoteleologischem Wege nicht weiter kommen konnte, alsbald zum kosmologischen und damit zum ontologischen Beweisversuche überging. Der Versuch, eine Theologie lediglich auf eine physische Teleologie aufzubauen, musste genau an der Stelle stecken bleiben, wo die Befugnisse der letzteren aufhören; die Grenzen derselben aber fallen mit denen der empirischen Welt zusammen.[1])

Die physische Teleologie kann also weder über die Natur hinaus von einem Endzwecke, noch von einer obersten Ursache etwas aussagen, da sie den Begriff einer supranaturalen, verständigen Weltursache weder in theoretischer noch in praktischer Hinsicht bestimmen kann, gesetzt auch, dass sie imstande wäre, diesen anderswie bestimmten Begriff subjektiv für unser Erkenntnisvermögen zu bestätigen. Die Zweckbeziehung in der Natur kann immer nur als in der Natur bedingt betrachtet werden, wobei die Frage, wozu die Natur selbst existiert, gar nicht aufgestellt werden kann, da der Grund für deren Existenz notwendig ausser ihr gesucht werden muss. Da aber nur hierauf die Annahme des bestimmten Begriffes einer obersten, verständigen Weltursache basiert, erweist sich die physische Teleologie für den Aufbau einer Theologie als unzulängliche Grundlage; die bloss in der Natur bedingte Zweckbeziehung verfügt doch nur über empirische Daten, welche also auch den Begriff einer intelligenten Weltursache

---

[1]) Krit. d. rein. Vern. Elemt. II. Tl. II. Abt. II. Bch. 3. Hptst. 6. Abseh. Unmöglichkeit des physicotheol. Beweises S. W. II. S. 480/2.

durch keine anderen Eigenschaften weiter bestimmen können, als uns die Erfahrung an den Wirkungen derselben offenbar macht. Selbst wenn es uns gelänge, von der als Zweck erscheinenden Wirkung auf eine diesem proportionale Ursache zu schliessen, also von zweckmässigen Naturerscheinungen auf zweckthätige und darum intelligente Naturkräfte, so ist doch Erfahrung nicht imstande uns die ganze Natur als System betrachten zu lassen, sodass wir von dieser Einheit auch auf die Einheit der intelligent wirkenden Kräfte schliessen könnten, geschweige dass sie hinreichend wäre uns Aufschluss zu geben über den Zweck der Naturexistenz und von diesem uns aufsteigen liesse zu einem bestimmten Begriffe der obersten Intelligenz nach seiner Möglichkeit oder gar Realität. Die consequente Anwendung dieser empirischen Data architektonisch wirkender Naturkräfte auf eine Theologie kann kaum weiter führen als zum Polytheismus der Alten, der die anthropomorphistischen Göttergebilde ohne Sprung ins Nichtempirische aus der religiösen Betrachtung der Natur finden und zu ihnen aus den anfänglich roheren Formen einer blossen Naturreligion durch Personification der Naturkräfte aufsteigen konnte. Eine Verschiebung der Frage und ein Hinüberspielen derselben auf das Gebiet rein ontologischer Begriffe findet im Pantheismus und Spinozismus statt, welche durch Einführung des Idealismus der Endursachen die Zweckmässigkeit der Naturdinge nicht aus der Causalabhängigkeit von einem, sondern aus der Inhärenz in einem subsistierenden Subjekte ableiteten. Dabei muss aber jeder Unterschied zwischen zweckmässigen und unzweckmässigen Naturdingen wegfallen, und der Begriff der Zweckmässigkeit wird von dem, aus der Inhärenz entstehenden Begriffe der Notwendigkeit verdrängt und in Nichts aufgelöst. Intelligenz und Weisheit der obersten Welturache kommen damit aber ganz von selbst in Wegfall. Die physische Teleologie bildet also wohl einen Impuls eine Theologie zu suchen, vermag aber mit ihren blossen Erfahrungsprincipien keine solche hervorzubringen, da sie von der Endabsicht aller Zweckverbindungen in der Welt nichts zu sagen weiss, ohne diese aber der Bestimmungsgrund für einen obersten Verstand fehlt, der uns erst das Naturganze als teleologisches System zu beurteilen in den Stand setzt. Denn selbstständig, aus der blossen Betrachtung der Natur, kann unser Verstand diese Aufgabe nicht lösen, da er so, wie er ist, nur einen kleinen Teil der Natur als nach Zwecken geordnet erkennen kann, und es Allwissenheit voraussetzen würde, die Zwecke der Natur in ihrem ganzen Zusammenhange einzusehen und schliesslich zu urteilen, dass der empirisch erkannte Naturzustand von allen denkbar möglichen der zweckmässigste und als solcher allein der einer obersten Intelligenz adäquate sei. Ohne eine solche vollkommene Kenntnis der Wirkung lässt sich der Begriff einer in jeder Hinsicht unendlichen Intelligenz, einer Gottheit, nicht gewinnen. Seine Gewinnung liegt also nicht auf dem Wege unserer beschränkten Naturerkenntnis. Vermöge derselben sind wir, soweit wir auch die Kenntnis der physischen Teleologie fernerhin noch auszudehnen vermögen, doch zu keinem andern Urteile berechtigt, als die uns empirisch bekannt gewordenen und etwa noch bekannt werdenden zweckmässigen Anordnungen in der Natur nach der Beschaffenheit und den Principien unseres Erkenntnisvermögens als das Produkt eines Verstandes denken zu dürfen. Man kann eben die oberste Weltursache nicht ohne Einsicht in den letzten Weltzweck bestimmen. Ein über die Erkenntnis aus theoretischer Naturforschung hinausliegender Begriff eines mit dem Naturganzen verbundenen Endzwecks desselben und eines im Verhältnis der Causalität zu diesem Endzwecke stehenden obersten Verstandes, der überall aus Gründen dieses Endzwecks frei wirkt und nicht etwa infolge der Inhärenz der Dinge seiner Natur nach notwendig der Urgrund derselben ist — ein solcher Begriff ist durch die physische Teleologie nie erhältlich, mithin der Versuch der Physicotheologie, darauf eine Theologie zu gründen, als im Princip verfehlt zu betrachten. Das in der Physicotheologie enthaltene Wahrheitselement, welches sich propädeutisch zur Theologie verhält, kann nur nach dem Hinzutreten eines anderen Princips zur Grundlage einer Theologie werden, für sich allein aber höchstens den Begriff einer Dämonologie rechtfertigen, ohne je zur Vollkommenheit, Weisheit und Einheit eines Gottes aufsteigen zu können.

B. b. Kant setzt diesem selbstständigen und als solchen gescheiterten Versuche der Physicotheologie den einer Moral- oder Ethikotheologie gegenüber; „aus dem moralischen

Zwecke vernünftiger Wesen in der Natur, (der *a priori* erkannt werden kann,) auf die oberste Ursache der Natur und ihre Eigenschaften zu schliessen."[1]) Der absolute Wert nämlich, den der Mensch als vernünftiges Wesen allein seinem Dasein geben kann, besteht weder in seiner Erkenntnis, noch in dem, was er empfängt oder geniesst, sondern in dem, was er in der Freiheit seines Begehrungsvermögens thut, also in seinem guten Willen. In Beziehung auf diesen hat das Dasein der Welt einen Endzweck, und dieser ist das höchste, durch Freiheit mögliche Gut in der Welt: der Mensch unter moralischen Gesetzen. Die moralischen Gesetze sind imstande, für die Vernunft etwas als Zweck ohne Bedingung, wie es ein Endzweck voraussetzt, vorzuschreiben und somit ihr auch *a priori* einen Endzweck zu setzen, dem nachzustreben sie verbindlich machen, sodass die Existenz einer solchen Vernunft, die infolge der moralischen Gesetze in der Zweckbeziehung ihr selbst das oberste Gesetz sein kann, kurz, die Existenz vernünftiger Wesen unter moralischen Gesetzen allein als Endzweck vom Dasein der Welt zu denken ist. Der Mensch, dessen Dasein im Dasein der Welt mit inbegriffen ist, kann also nur als moralisches Wesen ein Endzweck der Schöpfung sein, und nur als solches in einer Welt unter moralischen Gesetzen seinen subjektiven Zweck, seine Glückseligkeit als mit dem Endzwecke im Einklang stehend zu erreichen hoffen. Das Gesetz der Sittlichkeit, als der Würdigkeit glücklich zu sein, bildet die objektive Bedingung für die Gewinnung des höchsten in der Welt möglichen physischen Gutes der Glückseligkeit, das als die subjektive Bedingung, unter welcher wir uns unter moralischen Gesetzen einen Endzweck setzen können, soviel an uns ist, zu fördern ist. Der moralische Mensch, der nicht nach dem Zwange des Sittengesetzes, sondern in Freiheit das selbstgegebene Gesetz um desselben willen erfüllt, macht das höchste Gut, die Würdigkeit glücklich zu sein, zu seinem Endzweck. Dieser Endzweck muss aber auch als der letzte Zweck der Existenz der Natur mit allen ihren Einrichtungen betrachtet werden, und es fragt sich nur, ob wir aufgrund dieser moralischen Teleologie genötigt sind, über die

---

[1]) Kr. d. Urt. § 85. S. W. VII. S. 319.

Welt hinauszugehen und zur Beziehung der Natur auf das Sittliche in uns ein verständiges, oberstes Princip zu suchen, um uns die Natur auch in Beziehung auf die innere Gesetzgebung als zweckmässig vorzustellen. Die moralische Teleologie hängt also mit der Nomothetik der Freiheit wie mit der Nomothetik der Natur notwendig zusammen. Ist aber der Mensch als moralisches Wesen Zweck der Schöpfung, so ist nicht nur durch ihn selbst die Bedingung gegeben, die Welt als Ganzes teleologisch und als ein System von Endursachen zu betrachten, sondern auch ein Princip zu denken für die Beziehung der Naturzwecke auf eine verständige Weltursache. Die Natur erscheint dann als zweckmässig für die moralische Freiheit, welche das Endziel der Welt bildet, und die Menschheit unter moralischen Gesetzen müsste die Absicht sein, welche mit der Schöpfung der Welt verbunden wurde. Mittels dieses Princips lassen sich Wesen und Eigenschaften dieser obersten Weltursache erkennen und der Begriff derselben bestimmen, der diesem zufolge kein anderer sein kann, als der Begriff eines moralischen Welturhebers.

Aufgrund dieses Princips denken wir uns nun das Urwesen nicht bloss als Intelligenz und für die Natur gesetzgebend, sondern als gesetzgebendes Oberhaupt in einem moralischen Reiche der Zwecke. Als solches muss es allwissend sein inbezug auf die Existenz vernünftiger Wesen unter moralischen Gesetzen, um die innerste Gesinnung, welche den eigentlichen moralischen Wert der Handlungen vernünftiger Weltwesen bestimmt, erkennen zu können; es muss allmächtig sein, um die ganze Natur dem höchsten Zwecke unterzuordnen; allgütig und gerecht sein, um sich im Besitze der Bedingungen der Causalität einer obersten Ursache der Welt unter moralischen Gesetzen zu befinden; und es müssen überhaupt alle sonstigen transcendentalen Eigenschaften, die in Beziehung auf einen solchen Endzweck vorausgesetzt werden, an ihm gedacht werden können. So ergänzt die moralische Teleologie den Mangel der physischen und ist ihrerseits wohl imstande, eine Theologie zu begründen; ihrerseits, d. h. auch ohne die Beihilfe des physicoteleologischen Beweisgrundes, denn der Begriff von Weltwesen unter moralischen Gesetzen ist ein Princip *a priori*, wonach sich der Mensch notwendig beurteilen muss, und ist zugleich für unsere Vernunft ein hinreichender Grund, der nach Zwecken handelnden obersten Ursache einen Endzweck beizulegen, welcher kein anderer sein kann, als der Mensch unter moralischen Gesetzen. Dass er es sei, kann *a priori* für uns als gewiss gelten, während die Zwecke der Natur in der physischen Ordnung *a priori* nicht erkannt, also auch nicht für den Endzweck gehalten werden können. Der Mensch als moralisches Wesen bedarf einer moralischen Intelligenz, um für den Zweck, wozu er existirt, ein Wesen zu haben, welches diesem Zwecke gemäss die Ursache von ihm selbst und von der Welt ist. Es ist demnach ein reines moralisches Bedürfnis vorhanden, sich die Existenz eines ausserweltlichen Wesens als der verständigen Weltursache vorzustellen, und ein reiner moralischer Grund der praktischen Vernunft eine solche Ursache anzunehmen, die als oberste Ursache mit Eigenschaften, durch welche sie die ganze Natur — also auch die moralischen Weltwesen — ihrer Absicht unterwerfen kann, somit als eine Gottheit gedacht werden muss. Wir können uns die beiden Bedingungen des uns durch das moralische Gesetz aufgegebenen Endzweckes: die subjektive der Glückseligkeit, welche empirisch bedingt ist, und die objektive der Uebereinstimmung des Menschen mit dem Gesetze der Sittlichkeit, welches seiner Möglichkeit nach *a priori* feststeht, nicht als durch blosse Naturursachen verknüpft und so der Idee des Endzwecks angemessen denken; die physische Möglichkeit, den Endzweck bloss durch die Verknüpfung unserer Freiheit mit der Natur zu erreichen, würde mit der praktischen Notwendigkeit des Endzwecks nicht übereinstimmen; um uns also dem moralischen Gesetze gemäss einen Endzweck zu setzen, müssen wir eine moralische Weltursache annehmen, deren notwendige Annahme demnach durch die notwendige Annahme des Endzwecks bedingt ist. Wollte Jemand die moralischen Gesetze befolgen, auch ohne einen Endzweck für dieselben anzunehmen, so würde er doch, um sich wenigstens von der Möglichkeit eines solchen — die er ohne Schaden für seine moralische Gesinnung nicht einfach, dem Rufe seiner sittlichen, inneren Bestimmung zum Trotz, in Abrede stellen kann — einen Begriff machen zu können, das Dasein eines moralischen Welturhebers, als der einzig angemessenen und möglichen Ursache eines solchen Endzwecks, anzunehmen genötigt sein. Denn die Möglichkeit desselben wird vergeblich in der Natur gesucht, ihre Idee vielmehr nur in vernünftigen Wesen gefunden, deren praktische Vernunft wiederum die Möglichkeit des Endzwecks nur in einem moralischen Welturheber gegeben findet.

Die Idee eines Endzweckes ist die obere Einheit, in der sich sittlicher Zweck und Naturzweck vereinigen. Der Begriff des Endzwecks der Schöpfung ist aber nur für den Gebrauch unserer praktischen Vernunft nach moralischen Gesetzen geeignet und enthält nichts anderes, als was mit dem Endzwecke unserer reinen praktischen Vernunft, sofern sie praktisch ist, übereinstimmt. Seine Annahme wird begründet durch das moralische Gesetz, welches uns nötigt, zu dem Endzwecke unserer reinen praktischen Vernunft, den sie uns auferlegt, eine Natur der Dinge anzunehmen, welche mit diesem im Einklange steht. Das Recht, zu einer Welt auch einen Endzweck der Schöpfung zu denken, hat also einen moralischen Grund. Daraus können wir nun zwar nicht den Begriff der objektiven Realität eines verständigen moralischen Wesens als Schöpfer der Welt nach einem solchen Endzwecke bestimmen, wohl aber können wir, als für unsere reflectirende Urteilskraft gültig sagen: Nach der Beschaffenheit unseres Vernunftvermögens können wir uns die Möglichkeit einer solchen auf das moralische Gesetz und dessen Objekt bezogenen Zweckmässigkeit, wie sie in diesem Endzwecke ist, ohne einen Welturheber, der zugleich moralischer Gesetzgeber ist, gar nicht begreiflich machen.[1])

Während also die physische Teleologie für die theoretisch-reflectirende Urteilskraft aus den Zwecken der Natur eine verständige Weltursache bezeugt, vermag die moralische Teleologie durch den Begriff eines Endzwecks den sie in praktischer Hinsicht der Schöpfung beizulegen genötigt ist, für die praktische Vernunft einen moralischen Welturheber zu beweisen. Die physische Teleologie unterstützt durch ihren theoretischen Gewinn die moralische Teleologie, der Idee von Gott praktische, für unser sittliches Handeln gültige Realität zu verleihen, sodass wir die Existenz Gottes anzunehmen haben, um eine beabsichtigte Wirkung, nämlich eine nach Zwecken geordnete

---

[1]) Kr. d. Urt. § 88. S. W. VII. S. 341.

Welt unter moralischen Gesetzen als möglich denken zu können.[1])

Trotz dieser Assistenz wird aber diese wesentlich praktische Realität noch keine theoretische, sodass wir einsehen könnten, was die oberste Weltursache an sich sei; wir bleiben vielmehr auf das Gebiet der reflectierenden Urteilskraft beschränkt, vermöge deren wir uns die Eigenschaften des höchsten Wesens nur nach Analogie denken können.

Aber die Idee eines notwendigen moralischen Endzwecks, den uns reine praktische Vernunft *a priori* nach allen Kräften zu bewirken auferlegt, nötigt uns, etwas, das den Grund der Möglichkeit und Ausführbarkeit eines solchen Endzwecks enthält, (für unsere praktische Vernunft) anzunehmen.[2])

Beschränken wir die Vernunft inbezug auf alle unsere Ideen vom Uebersinnlichen auf die Bedingungen ihres praktischen Gebrauches, so kann sich eine darauf fussende Theologie nicht zur Theosophie versteigen und ebenso wenig zur Dämonologie ausarten; Religion aber wird dann nicht in Theurgie oder Jdololatrie geraten. Die Moral wird dann auch nicht von der Theologie, als der theoretischen Erkenntnis Gottes und von unserer mangelhaften Einsicht in dessen Natur, sondern allein von einer inneren, notwendigen Gesetzgebung der Vernunft abhängig, wodurch die Gefahr einer Verkehrung der Religion durch eine bloss äussere, willkürliche und nur mangelhaft denkbare Gesetzgebung vermieden wird.

Für unsere Hoffnung auf ein zukünftiges Leben gewährt uns unser theoretisches Erkenntnisvermögen keinen Stützpunkt, denn es giebt uns nur die negative Bestimmung, dass keine Handlung und Erscheinung unseres denkenden Wesens materialistisch erklärt werden kann, lässt aber die Frage nach dessen Natur an sich, abgesondert von der Materie, der Dauer oder Nichtdauer der geistigen Persönlichkeit nach dem Tode, gänzlich unbeantwortet. Sie kann uns also hierüber keine erweiternde Erkenntnis, kein bestimmendes Urteil aus speculativen Gründen verschaffen. In diesem Falle vermag allein die teleologische Beurteilung unseres Daseins in praktischer notwendiger

---

[1]) Ebendas. S. 341/2.
[2]) Ebendas. S. 342/3.

Rücksicht, und die auf dem gleichen Grunde basierende Annahme unserer Fortdauer als notwendige Bedingung des uns von der Vernunft schlechterdings aufgegebenen Endzweckes, uns Befriedigung zu verschaffen, und zugleich die rationale Psychologie zu sichern, weder in Pneumatologie noch in Materialismus zu verfallen und so ihrem eigentümlichen Wesen treu bleiben zu können: als Anthropologie des inneren Sinnes, d. i. Kenntnis unseres denkenden Selbst im Leben, ein theoretisches Erkenntnisvermögen und bloss empirisch zu sein.

Rationale Psychologie kann unser Wissen von unserer ewigen Existenz theoretisch gar nicht erweitern, da sie in dieser Hinsicht keine theoretische Wissenschaft ist.[1]

Es ist also auch für das Dasein eines unsterblichen Geistes wie für das einer Gottheit kein Beweis in theoretischer, erkenntniserweiternder Hinsicht möglich, weil wir das Material zur Bestimmung der Idee des Uebersinnlichen nur von den Dingen der Sinnenwelt hernehmen müssten. Die Kategorien der letzteren sind aber übersinnlichen Dingen nicht adäquat, und darum nicht auf sie direkt übertragbar. Wir sehen uns somit auch hier auf einen, sich lediglich auf praktischen Vernunftgebrauch beschränkenden, auf die moralische Teleologie gegründeten und von der physischen Teleologie unterstützten Beweis angewiesen, der aber weder gewillt noch imstande ist auszumachen, was jene übersinnlichen Dinge an sich sind, oder wie sie sonst theoretisch näher bestimmt werden können.[2]

Solche „Gegenstände, die in Beziehung auf den pflichtmässigen Gebrauch der reinen praktischen Vernunft, (es sei als Folgen oder als Gründe) *a priori* gedacht werden müssen, aber für den theoretischen Gebrauch derselben überschwenglich sind, sind blosse Glaubenssachen."[3]

Die reine praktische Vernunft gebietet den Gebrauch des Begriffs eines höchsten, durch Freiheit zu bewirkenden Gutes in der Welt, eines Endzweckes derselben, welcher, trotzdem er durch keine Erfahrung gewonnen werden kann, doch — als Postulat der reinen praktischen Vernunft — als möglich angenommen werden muss. Der Begriff des sittlichen Endzwecks

---

[1] Kr. d. Urt. § 89. S. W. VII. S. 347/8.
[2] Ebendas. § 90. S. W. VII. S. 354.
[3] Ebendas. § 91. S. W. VII. S. 357.

gründet sich auf die Thatsache der Freiheit im Menschen, welche die einzige von allen Ideen in uns ist, deren Existenz *a priori* feststeht. Sie ist ein praktisches Vermögen, welches auch dem sich darauf stützenden moralischen Beweise praktische Gewissheit giebt. Darum sind die einzigen, für uns denkbaren Bedingungen der Möglichkeit eines Endzwecks, einer, von der praktischen Vernunft geforderten und von ihr als erreichbar verheissenen Wirkung — Bedingungen, welche durch das Postulat ihrer Wirkung zugleich mit postuliert werden: Das Dasein Gottes und die Unsterblichkeit der Seele. Diese sind somit neben der Idee der Freiheit Glaubenssachen der reinen Vernunft, die aber seitens des Menschen nur ein freies Fürwahrhalten, ein Fürwahrhalten in reiner praktischer Absicht, einen moralischen Glauben erfordern, welcher nur als solcher mit der Moralität des Subjekts vereinbar ist. Dieser moralische Glaube, die moralische Denkungsart der Vernunft im Fürwahrhalten dessen, was für das theoretische Erkennen unzugänglich ist, ist zugleich ein Vertrauen auf die Verheissung des moralischen Gesetzes, ein Vertrauen zur Erreichung einer Absicht, deren Beförderung Pflicht ist, wenn auch die Möglichkeit der Ausführung derselben theoretisch von uns nicht eingesehen werden kann, und ist auch dieser, im Worte *fides* zum Ausdruck gelangende, Begriff erst durch das Christentum in die moralische Philosophie hineingekommen, „so ist das nicht der einzige Fall, da diese wundersame Religion in der grössten Einfalt ihres Vortrags die Philosophie mit weit bestimmteren und reineren Begriffen der Sittlichkeit bereichert hat, als diese bis dahin hatte liefern können, die aber, wenn sie einmal da sind, von der Vernunft frei gebilligt, und als solche angenommen werden, auf die sie wohl von selbst hätte kommen und sie einführen können und sollen." [1])

Von den drei reinen Vernunftideen, Gott, Freiheit und Unsterblichkeit beweist der in uns liegende Begriff der Freiheit des Menschen unter moralischen Gesetzen allein seine objektive Realität an der Natur durch die in derselben mögliche Wirkung, bewirkt aber dadurch die Verknüpfung der beiden anderen Vernunftideen mit der Natur und aller drei untereinander zur

---

[1]) Ebendas. § 91. S. W. VII, S. 360. Anmerkung zu Glaube.

Ermöglichung einer Religion. Der Freiheitsbegriff vermag somit die Idee des Uebersinnlichen in uns und ausser uns zu einer, wenn auch nur in praktischer Absicht möglichen, Erkenntnis zu bestimmen, und die Vernunft über die Grenzen zu erweitern, die für jede bloss theoretische Erkenntnis aus dem physischen oder metaphysischen Naturbegriffe unübersteiglich sind. —

C. Kant hatte die eingangs genannte Frage: ob die Teleologie imstande sei, aus den ihr zu Gebote stehenden Daten den Begriff eines obersten, d. i. unabhängigen, verständigen Wesens auch als eines Gottes, des Urhebers einer Welt unter moralischen Gesetzen, mithin hinreichend bestimmt für die Idee von einem Endzwecke des Daseins der Welt, zu liefern, als die Frage, worauf alles ankomme, bezeichnet. (S. 7.) Wir sind nunmehr aufgrund der Durchsicht der von ihm über die Feststellung und Aussagen der Zeugen für die Ansprüche der speculativen Vernunft geführten Akten in den Stand gesetzt, mit Kant zu urteilen, dass die Teleologie als physische Teleologie, trotz der namhaften, für jene Vernunftansprüche günstigen Argumente, die sie beizubringen vermag, ihrer Natur nach nicht in der Lage sein kann und nie in der Lage sein wird, für sich allein hinreichend jene Ansprüche in theoretischer Hinsicht zu begründen, dass die Teleologie aber in Verbindung mit moralischen Elementen, welche für unseren praktischen Vernunftgebrauch unabweislich sind, unterstützt und gefördert von den Aussagen der Physicoteleologie hinreichend befähigt ist, jenen übersinnlichen Begriff eines Urhebers der Welt unter moralischen Gesetzen als objektive Realität in praktischer Hinsicht zu bestimmen, und dass sie sowohl in ihren Aussagen hierüber, wie in ihren Argumenten für die Unsterblichkeit der Seele aufgrund des in uns liegenden objektiv-realen Freiheitsbegriffes vollkommen Glauben verdient.

Eine hierauf gegründete Theologie wird zwar nicht zur Wissenschaft einer Theologie im Sinne einer Theosophie, aber unmittelbar zur Religion, d. i. der Erkenntnis unserer Pflichten als göttlicher Gebote führen, während der Begriff eines auf bloss theoretischem Wege erkannten Urwesens (gesetzt auch, dass er auf solchem Wege gefunden werden könnte) nur eine, auf pathologische Furcht gegründete Religion zustande bringen könnte, ganz abgesehen von der Schwierigkeit oder vielleicht Unmöglichkeit, einem so gefundenen Wesen eine Causalität nach moralischen Gesetzen beizulegen.

Der zweite Zeuge für die landläufigen Ansprüche der spekulativen Vernunft, die Physicotheologie, trägt in sich selbst einen Widerspruch, indem dieser Begriff Heterogenes — Sinnliches und Übersinnliches — unmittelbar und theoretisch zu verbinden und den Übergang vom einen zum anderen gefunden zu haben vorgiebt. Seine Aussagen haben, sofern es Schlüsse sind, welche aus seiner Doppelnatur in theoretischer Absicht gefolgert werden, keinen Anspruch auf Annehmbarkeit und Glaubwürdigkeit, wohl aber kann dieser Begriff, indem er Spekulation mit Anschauung verknüpft, durch die Betrachtung der Naturzwecke, von denen er reichen Stoff darbietet, zur Idee eines Endzwecks führen, welchen die Natur und Empirie nicht zu geben vermag. Da er aber hierdurch das Bedürfnis, eine Theologie zu erhalten, welche für den höchsten, praktischen Vernunftgebrauch den Begriff von Gott zureichend bestimmen kann, veranlasst, und zur Beantwortung der Frage nach dem verständigen Urgrund alles Seins drängt, so kann auch die Physicotheologie rechtwohl als eine Propädeutik zur eigentlichen Theologie dienen.

Eine Theologie in theoretischem Betracht findet durch keinerlei Art der Teleologie zureichende Begründung; wohl aber findet eine Theologie in praktischer Hinsicht als Ethikotheologie für die Erkenntnisvermögen unserer reflectierenden Urteilskraft und unserer praktischen Vernunft eine zureichende Begründung in dem auf den Freiheitsbegriff angewandten Princip *a priori* des Endzweckes, wie eine höchst schätzbare Bestätigung ihrer praktischen Forderungen und Aussagen im Princip der Teleologie.[1])

---

1) Kr. d. rein. Ver. Element. II. Tl. II. Abt. II. Bch. 3. Hptst. 7. Absch. Krit. aller specul. Theol. S. W. II., S. 487. f.

Anmerk.: Schopenhauer tadelt in seiner etwas unwirschen Weise die ermüdende Weitschweifigkeit und Wiederholung in der ‚Kritik der teleologischen Urteilskraft,' findet aber die Auseinandersetzung der Sache selbst vortrefflich. (Die Welt als Wille und Vorstellung, 2. Afl. Lpzg., Brockhs. 1844, I, S. 598.) Er resümiert den Inhalt des Buches und die Lehre Kants über die Zwecke so: (ebend. S. 596/7) „Das ganze Buch will allein dieses: obgleich die organisierten Körper uns notwendig so erscheinen, als wären sie einem ihnen vorhergegangenen Zweckbegriff gemäss zusammengesetzt, so

II.

1. Die Stellung, welche Kant zur Teleologie und Physicotheologie einnahm, wird erst dann in das volle Licht der Beurteilung treten können, wenn zuvor festgestellt worden ist, was Kant an historischem Material des teleologischen Gedankens zu seiner Zeit vorfand, wie er demselben das eigenartige Gepräge seines philosophischen Denkens aufgedrückt und mit welchen neuen Elementen er es vermehrt hat. Eine historische Darlegung der Entwickelung des teleologischen Gedankenganges ergiebt sich somit als nächstanstehende Aufgabe.

Hatte bereits Heraklit auf die im Weltall bestehende Ordnung und Gesetzmässigkeit hingewiesen, so nimmt diese Erkenntnis im kosmologischen System des Anaxagoras schon eine centrale Stellung ein und wird von ihm zum Schlusse auf eine vernünftige, zweckthätige Ursache der geordneten Bewegung weitergeführt. Die διακόσμησις des Chaos ist die Handlung des nach Absichten und Zwecken verfahrenden νοῦς, des feinsten und vollkommensten, in aller Welt verteilten, wenn auch noch immer materiell gedachten Denkstoffes. Der κόσμος, das Resultat dieser zweckmässig anordnenden Thätigkeit des νοῦς, charakterisiert sich durch eine schöne und zweckmässige Ordnung. Dies ist wohl das erste Auftauchen und mit Bewusstsein vertretene Beispiel einer teleologischen Naturerklärung. Ihre Anwendung wird allerdings nur auf den Anfang des die Stoffteile in Bewegung setzenden Wirbels (δίνη) beschränkt, während der Ablauf des weiteren Geschehens in rein mechanischer Weise erfolgend gedacht wird. Gleichwohl schliesst sie

berechtigt uns dies doch nicht, es objektiv so anzunehmen. Denn unser Intellekt, dem die Dinge von aussen und mittelbar gegeben werden, der also nie das Innere derselben, wodurch sie entstehen und bestehen, sondern bloss ihre Aussenseite erkennt, kann sich eine gewisse, den organischen Naturprodukten eigentümliche Beschaffenheit nicht anders fasslich machen, als durch Analogie, indem er sie vergleicht mit den von Menschen absichtlich verfertigten Werken, deren Beschaffenheit durch einen Zweck und den Begriff von diesem bestimmt wird. Diese Analogie ist hinreichend, die Uebereinstimmung aller ihrer Teile zum Ganzen uns fasslich zu machen und dadurch sogar den Leitfaden zu ihrer Untersuchung abzugeben; aber keineswegs darf sie deshalb zum wirklichen Erklärungsgrunde des Ursprungs und Daseins solcher Körper gemacht werden. Denn die Notwendigkeit sie so zu begreifen ist subjektiven Ursprungs."

die zeitliche wie räumliche Vielheit von Welten im Gegensatz zur Annahme der Atomisten wie Empedokles und Leukippos aus. Der die zweckmässigste Bewegung der Elemente einleitende, ordnende Geist gestaltet nur eine, die vollkommenste Welt. Es ist die Bewunderung der Ordnung im Weltganzen, in der Gestirnwelt, welche für Anaxagoras zur Annahme einer teleologischen Betrachtungsweise bestimmend wirkte, — dass er indessen letztere auch auf die Lebewesen angewandt und an ihnen eine innere oder äussere Zweckmässigkeit — diese etwa in Beziehung auf den Menschen — constatiert habe, oder auch nur auf sie hinweisen wollte, ist nicht anzunehmen. Erst der seine Lehre aufnehmende und weiter bildende eklektische Naturphilosoph Diogenes von Apollonia, der sie zugleich mit des Anaximenes hylozoistischer Theorie verband, stattete den νοῦς aus mit Allwissenheit und zweckthätiger Kraft und räumte ihm — den er auch πνεῦμα, ἀήρ. „vernünftige Luft" nannte — nicht nur im Weltall im Grossen, sondern auch im Menschen und in anderen Organismen die Stellung eines zweckmässig gestalteten Princips ein. Er wäre somit der erste, welcher die Teleologie auf die ihm als organisch bekannten Naturdinge anwandte. Anaxagoras hatte für diese nur eine rein mechanische Erklärung und zog sich deshalb den Tadel des Platon [1]) und Aristoteles [2]) zu, die im übrigen sein Verdienst, die teleologische Naturerklärung inauguriert zu haben, rückhaltslos anerkennen.

Aus letztgenanntem Grunde ist es nicht wahrscheinlich, dass Anaxagoras einen besonderen Einfluss auf Sokrates ausgeübt habe. Des letzteren Teleologie ist vorwiegend anthropocentrisch; sie bewundert die Weisheit der Welteinrichtung und die Zweckmässigkeit der Dinge mit stark religiöser Färbung und steter Beziehung auf das sittliche Bewusstsein im Menschen. Zum Princip der Naturwissenschaft konnte er sie um so weniger erheben, als er eine solche überhaupt ablehnte und sich an einer im obigen Sinne gepflegten teleologischen Naturbetrachtung genügen liess, die er nicht ohne Beziehung zu dem in seiner Zeit sich vorbereitenden und auch von ihm begünstigten ethischen Monotheismus gelassen haben wird.

---

[1]) Phaed. 97b.
[2]) Met. I, 3.

In Platos Lehre ist die Teleologie wesentlicher Bestandteil.
Aber auch bei ihm tritt sie nur als Anthropoteleologie auf,
indem er den Zweck (τέλος) des Menschenlebens in die sittliche
Erziehung setzt und die ganze Organisation des gemeinsamen
Daseins diesem Zwecke — die Idee des Guten zu repräsentieren — allein dienstbar sein lässt. Die Idee des Guten ist
die Ursache (αἰτία) alles Geschehens, die Zweckursache der Erscheinungen. Ihr ordnen sich alle übrigen Ideen als Mittel für
den Zweck unter, sie ist ihm, in Anlehnung an Anaxagoras,
die Weltvernunft (νοῦς), die er als den absolut sittlichen Weltzweck, als Gottheit bezeichnet. Um dieser Idee des Guten,
der Gottheit willen wird die Erscheinungswelt aus dem leeren
Raum, dem Nichts (τὸ μὴ ὄν), in mathematischer Formung gestaltet. Der Raum (ἄπειρον), die unbestimmte Bildsamkeit, nimmt
diese Formung an, um der Ideenwelt ähnlich zu werden.
Allerdings versuchte Plato nicht, das Geschehen aus dem Weltzweck begrifflich festzustellen und gab nur in mythischer Form
eine Darstellung seiner teleologischen Naturansicht, aber er
stellt sie doch in bewussten Gegensatz zu einer mechanischen
Naturerklärung, die, wie Demokrits Lehre, aus dem absichtslosen Zusammentreffen des ordnungslos Bewegten allerlei Welten
entstehen und vergehen lässt. Nur für das, was nicht teleologisch begriffen werden kann, nimmt er mit Demokrit eine
mechanische Notwendigkeit (ἀνάγκη) an, die als Mitursache
(ξυναίτιον) neben der göttlichen Zweckthätigkeit als Erklärungsprincip für das Vollkommne und Unvollkommne in der Erscheinungswelt dienen muss. Alles Einzelgeschehen ist aus
dem zweckvoll bestimmten Ganzen, aus der in sich geordneten
Gesammtbewegung des Weltalls abgeleitet. — Nach H. Cohen
war der „tiefste der Mängel bei Plato" die Vermischung von
Mathematik und Moral, „geschweige, dass er unter den Problemen der Natur eine Unterscheidung der Ideen vorgenommen
hätte. Die Idee steht für die Linie, für den Naturzweck und
für das Gute. Kant macht die Linie und das Mathematische
überhaupt, einschliesslich seiner Ausführung zum mechanischen
Körper, als Gesetz, als Grundsatz, geltend. Von dem Naturzwecke ab aber herrscht im Unterschied vom synthetischen
Grundsatze das Princip der Idee. Die Idee ist der Gesetzesausdruck für die Probleme der Zweckmässigkeit, welche ange-

sichts der Zufälligkeit der mathematischen Erfahrung entstehen. Die Idee der Zweckmässigkeit ist das Ding an sich, oder das Problem der ‚Gesetzlichkeit des Zufälligen', das will sagen: des sonst mit allen Mitteln der mathematischen Erfahrung zufällig Bleibenden." [1])

Aristoteles sieht in der Erscheinungswelt nicht nur wie sein Lehrer Plato eine Mischung des Unbegrenzten und der Begrenzung, sondern erkennt im geformten Stoff ein körperliches Substrat (ὑποκείμενον), das nicht bloss mathematische Grenze, sondern durch seinen Inhalt für die Gestalt der Dinge wesentlich ist als der Stoff, welcher die Möglichkeit zu dem enthält, was durch die Form wirklich geworden ist. Der Akt dieser Verwirklichung ist das Geschehen, das Resultat des Geschens ist das Sein; das begrifflich erkannte Sein ist das allgemeine Wesen, welches sich aus der Möglichkeit durch die Form in einzelnen Erscheinungen verwirklicht. Diese Selbstverwirklichung des Wesens in den Erscheinungen ist die ἐντελέχεια. Seine Hypothesen über den Ursprung der Tiere und Menschen bewegen sich nicht in physicotheologischen Gedankengängen. Er bleibt bei dem Ergebnis seiner empirischen Betrachtung: ἡ φύσις ποιεῖ. Aber aufgrund dieser Beobachtungen kommt er zu der Ansicht: οὐδὲ περίεργον οὐδὲν, οὔτε μάτην ἡ φύσις ποιεῖ — ἀλλ᾽ ἀεὶ . . περὶ ἕκαστον γένος ζώου τὸ ἄριστον. Ihm ist das Princip der Endursachen allein das wahre Princip der Naturbetrachtung, und Demokrit, der ein solches nicht anerkennt, wird um deswillen von ihm getadelt. [2]) — H. Cohen findet indess, [3]) dass man von der Aristotelischen Fassung des Zweckbegriffs absehen müsse, um das transcendentale Princip der Zweckmässigkeit zu verstehen. Nach ihm ist der Zweck bei Aristoteles nicht ein Princip des wissenschaftlichen Bewusstseins, sondern ein Princip des Seienden. Gilt auch der Zweck als formales Princip, so hat doch die Form nicht den Sinn eines Gesetzes für die Erzeugung des Inhaltes, denn der Form

---

[1]) Herm. Cohen, Kants Begründung der Aesthetik, Berlin 1889. S. 119,120.

[2]) Zu vergl. Arthur Schopenhauer, die Welt als Wille und Vorstellung. 2. Afl. Lpzg., Brockhs. 1844. II. Bnd. S. 341/2, ebenso W. Windelband, Geschichte der Philosophie, Freiburg 1892. S. 102f.

[3]) l. c. S. 115f.

ebenbürtig ist auch der Stoff ein Princip. Da das οὖ ἕνεκα äquipollent ist mit dem ὅθεν ἡ κίνησις; so ist der Aristotelische Zweck ein Princip der Bewegung, was er gerade als kritischer nicht sein darf, da die Bewegungsprincipien als synthetische Grundsätze anderer Art, anderer methodischer Geltung und Wirksamkeit sind, als die Zweckgedanken. „Aus dieser Verwechselung des Zweckprincips mit einem Bewegungsprincip entspringt der Grundfehler der Aristotelischen Zwecklehre, der in der Annahme einer immanenten oder unbewussten Zweckthätigkeit besteht." [1])

Hatte Aristoteles überall die immanente Zweckmässigkeit der Formgestaltung betont, so sank die Stoa wieder auf den Standpunkt des Utilitarismus zurück. Zweckmässig sind die Naturerscheinungen, welche dem Bedürfnisse vernunftbegabter Wesen dienen, Dinge, welche „Göttern und Menschen" nützen. Bei consequenter Anwendung einer solchen Art der Zweckmässigkeit aller Naturformen aus dem Gesichtspunkte der Zuträglichkeit musste die stoische Teleologie bis dicht an die Grenze des Lächerlichen gelangen, und die zweckvolle Weltleitung durch göttliche Vorsehung erhielt ein stark anthropomorphistisches, ja banausisches Gepräge. Die Frage nach dem Zustandekommen des Zweckmässigen wird durch die Lehre vom πνεῦμα gegeben. Dieses, die Gottheit als Lebenshauch oder Kraft, ist zugleich das Weltall als ein sich, in Beziehung auf sich, und aus sich bewegendes Wesen — εἶναι τὸ ὂν πνεῦμα κινοῦν ἑαυτό, πρὸς ἑαυτὸ καὶ ἐξ αὐτοῦ — welches sich zweckvoll und gesetzmässig entfaltet. Der Einzelorganismus ist nur ein Teil des Weltorganismus, die Einzelseele wesensgleich mit dem göttlichen πνεῦμα, und kehrt, von ihm abhängig, bei Gelegenheit des allgemeinen Weltbrandes — nach einigen aber nur sofern sie ehedem die Seele eines Weisen gewesen — in jene göttliche Allseele, das πνεῦμα des Universums zurück.

Die Epikureer zeigen sich auch in der Negierung jeglicher Teleologie als die Antipoden der Stoiker. Diese Leugnung ist in ihrer Glückseligkeitslehre begründet. Der ruhige Selbstgenuss des Weisen lief Gefahr, durch irgendwelche göttliche Einmischung — selbst in der Form einer planmässigen Leitung —

---

[1]) l. c. S. 115.

empfindlich gestört zu werden. Darum ist die Schule ihrem Wesen nach antireligiös und perhorresciert den ihr von der Theologie unabtrennbar erscheinenden teleologischen Gedanken. Den in den Intermundien in einem völlig contemplativen Leben, unabhängig von allem Geschehen, aber auch unbekümmert um dasselbe thatlos verharrenden Göttern wird keinerlei zweckthätige Einwirkung auf die Welt der niederen Wesen eingeräumt. Was freilich nach Eliminierung jeder von allgemeineren Zwecken geleiteten Regierung in die entstandene Lücke einzutreten habe, lässt die Schule dahin gestellt und zeigt bei einem den naturwissenschaftlich-theoretischen Fragen völlig abgewandten Interesse durchaus kein Bemühn, in dieser Hinsicht zu einem positiven Resultate zu gelangen.

Lucretius konnte die anthropoteleologischen Wunderlichkeiten der Stoiker mit wohlfeilem Spott verfolgen und damit wenigstens durch Wegräumung von Schutt die künftige Baustelle einer besser begründeten Teleologie säubern helfen — zum Aufbau selbst hat er nichts Nennenswertes hinzugebracht. In der Annahme eines rein mechanischen Geschehens ist die Schule nicht über die Atomisten hinausgekommen, in der Folgerichtigkeit reicht sie an Demokrits Lehre nicht heran und findet wieder im Eudämonismus die bestimmten Grenzen für eine unbedingte und ausnahmslose Notwendigkeit. Sofern Demokrits Lehre Atomismus und Mechanismus zugleich war, ist sie auf die Epikureer übergegangen, sofern sie gesetzmässigen Naturzusammenhang aufgrund einer Teleologie behauptete, fand sie von jener Seite keine Gefolgschaft. Die willkürliche Selbstbestimmung der Atome gilt nur für den Anfang der in der Folge rein mechanisch sich vollziehenden Wirbelbewegung, während die zweckmässige Gestaltung der Organismen mit Empedokles aus dem Ueberleben des Zweckmässigen erklärt wird.

Eine wirkliche Weiterbildung und völlig neue Anwendung fand die Teleologie in der durch die christliche Patristik gegebenen Ausprägung christlicher Gedankenreihen, wo zum ersten Male der Gedanke auftaucht, „dass auch der zeitliche Ablauf der Begebenheiten des Menschenlebens einen zweckvollen Gesamtsinn habe und über der Teleologie der Natur sich diejenige der Geschichte erhebt und diese als das Wertvollere erscheint, in dessen Dienst jene tritt."[1]) Die planmässigen Veranstaltungen Gottes zum Heile der Menschen erscheinen als das Resultat einer retrospektiven Betrachtung der Culturgeschichte seit der Zeit der Gottesoffenbarungen im Volke Israel durch die Ur- und Erzväter, durch Moses und die Reihe der Propheten bis herab auf die Weltcultur des griechisch gebildeten Römerreiches und bis zu der mit dem Erscheinen des Weltheilands begonnenen Schlussperiode der Welterlösung, welche im Wiederkunftsgedanken als eschatologische Hoffnung den Ausdruck künftiger Vollendung fand. Der Inhalt des göttlichen Weltplanes gilt als auf das gesamte Menschengeschlecht ausgedehnt und stellt durch die alle umfassende Heilsgemeinschaft eine von Zeit, Raum und Nationalität unabhängige Solidarität der Menschheit her. Im Mittelpunkte dieser Teleologie steht der Mensch und sein Geschick; er ist zugleich Zweck des Weltganzen, wie dem Wesen des Christentums gemäss die Stellung des Menschen zum Menschen und das Verhältnis des endlichen Geistes zum unendlichen, zur Gottheit, eine centrale Bedeutung gewinnt und die göttliche Offenbarung bereits in der paulinischen Weltanschauung eine planvoll geordnete, pädagogische Absicht verrät.[2]) Bei Irenäus ist der Mensch bereits Zweck und Ziel der Schöpfung, das einzige erkennende Wesen, dem Gott sich offenbaren will, auf das hin er die Natur erschaffen hat, um deswillen es überhaupt erst eine Geschichte gibt. Gregor von Nyssa und Origenes kennen eine Teleologie, welche das Bestehen und Vergehen der Welt von einer zunehmenden Entwickelung und schliesslichen Vollendung zu geistiger Vollkommenheit abhängig weiss.

Kants Zurückweisung der Ansprüche einer Teleologie, welche die aus der Naturerkenntnis, insonderheit der Erkenntnis der menschlichen Intelligenz gewonnenen Kategorien *recta via* oder doch in der Form der Analogieen auf den Gottesbegriff überträgt, findet bereits bei Augustin ihre Begründung und Rechtfertigung. Ihm zufolge ist vollständige Erkenntnis des göttlichen Wesens dem Menschen während seiner irdischen

---

[1]) W. Windelband, l. c. S. 205.
[2]) Zu vergl. Gal. 3,24: ὥστε ὁ νόμος παιδαγωγὸς ἡμῶν γέγονεν εἰς Χριστόν, ἵνα ἐκ πίστεως δικαιωθῶμεν. Der νόμος ist aber für Paulus der verpflichtende Heilsgehalt der mosaischen Bücher.

Lebenszeit darum versagt, weil alle Beziehungs- und Verknüpfungsformen des menschlichen Denkens für das über dieselben hinausreichende göttliche Wesen keine adäquate Vorstellung zu geben vermögen. Seine Teleologie findet ihre Begründung im Dogma der Weltschöpfung aus Nichts durch göttliche Macht, Weisheit und Güte.[1]) In ihrer Schönheit und Vollkommenheit trägt die Welt das Zeichen ihres Ursprunges, wobei das Übel nicht in einer *causa efficiens*, sondern *deficiens*, einem Seinsmangel der endlichen Wesen zu suchen ist. Hervorragende Bedeutung hat indess die Teleologie in Augustins System, besonders in der Lehre von der Gnadenwahl, von der im Voraus durch Gottes unerforschlichen Ratschluss bestimmten Erwählung oder Verwerfung der Menschen, gewonnen. Die Prädestinationslehre setzt die absolute Causalität Gottes dem freien Willen des Individuums entgegen und macht den Menschen mit all' seinen Kräften zum Guten oder zum Bösen von einer göttlichen Teleologie abhängig. Diese, im flagranten Widerspruch zur Betonung der Selbstgewissheit des bewussten Einzelgeistes — wie sie dem Augustinismus eigen ist — verfochtene, Abhängigkeit und Unfreiheit findet bei Augustin wohl ebenso ihre Erklärung in der Abstraktion vom eignen, persönlichen Lebensgange, wie in der Anlehnung an den Dualismus des von Augustin nie völlig überwundenen Manichäismus. — Augustins Einfluss auf die kommende Zeit war ein bestimmender und nachhaltiger; die Scholastik bewegt sich auch in Bezug auf unsere Frage ganz in augustinisch-

---

[1]) Freilich stützt sich das Dogma von der „Schöpfung aus Nichts" einzig auf die völlig verfehlte Interpretation von Hebr. 11, 3: πίστει νοοῦμεν κατηρτίσθαι τοὺς αἰῶνας ῥήματι θεοῦ εἰς τὸ μὴ ἐκ φαινομένων τὰ βλεπόμενα γεγονέναι: durch Glauben merken wir, dass die Welten durch Gottes Wort hergestellt sind, damit nicht aus Erscheinendem das Sichtbare geworden sei — womit der Verf. nichts anderes sagen will, als dass sich schon durch diese, von Gott beliebte Art der Entstehung der Welt seine Absicht kund thue, alles auf Glauben zu gründen. Positives über die Weltschöpfung — oder gar über eine Schöpfung aus Nichts — wird hier nicht ausgesagt. cf. zu dies. Stelle H. v. Soden, Handcommentar zum N. T. Freiburg 1892. S. 76. Ferner: Dav. Schulz: der Brief an die Hebräer S. 230/1: „Die sichtbare, sinnliche Welt hat ihren Urgrund nicht in sich selbst, etwa in einer unendlichen Erzeugung, sondern ist aus der unsichtbaren, überirdischen hervorgegangen eben ῥήματι θεοῦ."

aristotelischem Geleise, ohne etwas wesentlich Neues hinzuzubringen. Dagegen richtet die Philosophie der Renaissance in ihrer naturwissenschaftlichen Periode auf die Teleologie ihre schärfsten Angriffe. Das Princip der Mechanik schloss von vorn herein eine irgendwie geistig gedachte Erzeugung und Ordnung der Dinge aus. Der platonisch-aristotelisch-augustinischen Naturphilosophie gegenüber kam der Demokritismus in Aufnahme und gelangte zuerst in Baco von Verulam zum Siege.

Baco weist den teleologischen Gedanken vollständig aus der Physik hinaus und der Metaphysik zu. Diese aber ist ihm gleichbedeutend mit speculativer Theologie, gegen die er eine unüberwindliche, wenn auch nur vorsichtig sich äussernde Abneigung besitzt. Er sagt [1]): *physica est, quae inquirit de efficiente et materia; metaphysica, quae de forma et fine.* Die Physik untersucht also die Materie und die wirkende Kraft der Dinge, die Metaphysik die Formen und die zweckmässige Verfassung der Dinge. Es ist also eigentlich nicht die Verschiedenheit der Objekte, welche Physik und Metaphysik bei Baco unterscheiden, sondern die Verschiedenheit der Gesichtspunkte, aus denen die natürlichen Ursachen der Dinge entweder als wirkende Ursachen oder als Endursachen betrachtet werden. Das erstere geschieht in der Physik, das zweite in der Metaphysik. Er macht auch inbezug auf den Gebrauch der Endursachen keinen Unterschied zwischen organischer und unorganischer Natur. In seiner theoretischen Naturphilosophie bildet die Metaphysik die Spitze der auf der Basis der Naturgeschichte und dem Aufbau der Physik sich erhebenden Pyramide als Wissenschaft der Naturformen und Naturzwecke. Letztere beide unterscheidet er; unter den Formen versteht er die beständigen Ursachen, die wirkenden Ursachen zur Form der Allgemeinheit erhoben. In ihnen differenzieren sich die Naturphänomene, die notwendigen Faktoren der Eigenschaften der Körper. Die Erklärung der Naturzwecke verlangt eine klare Unterscheidung des metaphysischen und physikalischen Standpunktes, da Baco von der Einmischung der Endursachen in das Gebiet der Physik die schlimmste Wirkung

---

[1]) *De augm. scient. III, 4. p. 80.*

ersieht. Er rechnet die Teleologie in der Physik zu den gefährlichsten Gattungsidolen, welche dem Menschen durch seine Natur selbst vorgespiegelt werden. Die Teleologie soll aber darum nicht überhaupt verneint, sie soll nur von der Physik getrennt werden; die beiderseitigen Resultate brauchen sich auch gar nicht zu widersprechen. Erst wenn man beide Gebiete vermengt und den Nutzen, welchen die Wirkung hat, zur Ursache derselben macht, entsteht Verwirrung. Die natürliche Theologie vollendet den in der Metaphysik auftauchenden Gedanken einer vorsehenden Intelligenz, welche die blind waltenden Naturkräfte mit Weisheit lenkt und ordnet, wenn auch Baco bestrebt ist, die Gebiete der Religion und Philosophie reinlich zu trennen. Ihm zufolge beruht die Religion auf Offenbarung; eine natürliche Theologie vermag den Glauben nicht zu begründen; aus der Vermischung von Glaube und Wissenschaft kann nur eine häretische Religion oder eine phantastische Philosophie fliessen.[1])

Den glänzendsten Beweis für die Prosperität des teleologischen Princips als durchgehends dem Weltall supponierte mathematische Ordnung lieferte Keplers ruhmvolle Entdeckung der Planetenbewegung, deren Gesetze die auf mathematisch-teleologischer Voraussetzung ruhende Methode der Induktion als zur Invention auch im grossen Stile trefflich geeignet bestätigt haben. Die von ihm im Weltall gesuchte göttliche Arithmetik und Geometrie enthüllte sich ihm in den Gesetzen des Geschehens. Gallilei hat sich von diesem Princip nur das Moment der Bewegung angeeignet und für diese in der Mechanik eine mathematische Theorie geschaffen. Sein Schüler Hobbes schliesst von den Erscheinungen zwar auch auf die Ursachen und von diesen wiederum auf die Wirkungen, aber die Erscheinungen sind ihm nichts als Bewegungen, deren Ursachen Bewegungselemente sind. So wird ihm Philosophie zur Lehre von der Bewegung der Körper, ohne dass ihm dazu ein teleologisch wirkender Apparat erforderlich schien.

Descartes erklärt es zwar für die beste Methode philosophischer Betrachtung aus der Erkenntnis Gottes die Erklärung der Schöpfung abzuleiten und auf diese Weise das Verständnis

---

[1]) cf. Kuno Fischer, Fz. Baco von Verulam, Lpz. 1856. S. 232-42. Schopenhauer, die Welt a. W. u. Vorst. II, S. 339/41.

der Wirkungen aus den Ursachen zu gewinnen, aber er weiss wohl, dass die Beschränktheit der menschlichen Intelligenz an gewisse Rücksichten gebunden ist, zu denen auch die gehört, dass wir in unserer Untersuchung der Naturgegenstände keine Gründe von einem vorausgesetzten Endzweck hernehmen, welchen Gott oder die Natur bei der Hervorbringung der Geschöpfe sich vorgesteckt habe, da es eine ungerechtfertigte Anmassung unserer Einsicht bedeuten würde, wollten wir uns eine „klare und deutliche" Vorstellung oder Kenntnis der göttlichen Pläne zutrauen. Wir haben uns überhaupt nicht in die Untersuchung über das Unendliche einzulassen, denn darüber etwas bestimmen, oder das Unendliche in die Grenzen einer endlichen Einsicht einzuschnüren, würde ungereimt sein. Wir haben abzuwarten, wieviel uns Gott von dem, dessen Verständnis die natürlichen Kräfte unseres Geistes übersteigt, offenbaren will, haben aber dann die Pflicht, diese Offenbarung auch ohne deutliche Einsicht im Glauben aufzunehmen. Geistige und körperliche Substanzen der Welt können ohne Mitwirkung Gottes nicht existiren; er selbst ist die Substanz, die keines andern Dinges bedarf.[1]) Die menschliche Seele ist als *res cogitans non extensa* unterschieden von der *idea corporis, quatenus est tantum res extensa, non cogitans*, woraus der Schluss abgeleitet wird; *certum est, me a corpore meo revera esse distinctum et absque illo posse existere*, also die Unzerstörbarkeit und Unsterblichkeit der bloss geistig thätigen Substanz. Von einem Hinweis auf die ewige Dauer um eines Endzweckes willen ist indessen nirgends die Rede; vielmehr sind von der Unveränderlichkeit Gottes analog geordnete Naturgesetze abzuleiten, von denen das erste: Dass ein Ding, sofern es einfach und ungeteilt ist, beharrt, den Schlüssel zur Erklärung seines Unsterblichkeitsgedankens in sich enthält.

Für unsere Frage kommt Descartes System besonders noch wegen des aus seinem Schülerkreise hervorgegangenen Occasionalismus, wie ihn vor anderen Geulincx und Malebranche vertraten, in Betracht. Die Untersuchungen der cartesianischen Schule gingen aus von der Schwierigkeit, welche

---

[1]) *Princ. phil. I. ration. more geom. disp. Defin. VIII: substantia, quam summe perfectam esse intelligimus et in qua nihil plane concipimus, quod aliquem defectum sive perfectionis limitationem involvit, Deus vocatur.*

die psycho-physische Causalität bot, da man sich bewusst wurde, dass hier zwischen Ursache und Wirkung kein Identitätsverhältnis bestehe, durch welches die mechanische wie die logische Abhängigkeit erklärt erschien. Als Princip, in welchem Ursache und Wirkung ihre Verknüpfung finden, galt ihnen Gott, der beide Substanzen in der Menschennatur nicht nur geschaffen und vereinigt, sondern auch so eingerichtet hat, dass ihre Funktionen gegenseitig in eine geordnete Succession treten. Die Funktionen sind dann nur die *occasiones*, bei welchen die gottgewollten Folgen in der anderen Substanz eintreten. Die wahre Ursache der Empfindungen, Wahrnehmungen und Reflexbewegungen im Menschen ist Gott, der, sei es in jedem einzelnen Falle interveniert, sei es ein für allemal die correspondirenden Funktionen des Geistes und Körpers auf einander ordnete. An diesen erkenntnistheoretischen Satz reihte sich der kosmologische, dass die Körper, die keine Ideen haben, auch nicht wirken können, sondern sich zur Causalität Gottes rein passiv verhalten. Malebranche postuliert nach Wiederbelebung der neuplatonischen Ideenwelt eine intelligible Körperwelt in Gott als Urbild ebensowohl der geschaffenen, wirklichen, wie der von uns ihrer Idee nach erkannten Körperwelt, sodass er der Philosophie die Aufgabe stellte: alle Dinge in Gott zu schauen. Ihren Abschluss finden diese cartesianischen Gedankenreihen in Spinoza und Leibniz.

Spinoza begeht indess gleich zu Anfang den Fehler des Lucretius und Baco von Verulam, indem er Teleologie mit Physicotheologie verwechselt und gleichzeitig beide Begriffe identificiert. Da er nun auf die letztere nur schlecht zu sprechen ist, sind ihm auch die *causae finales* vollständig zuwider. Er nennt sie: *nihil nisi humana figmenta* und behauptet von der Natur, dass sie keinen, ihr etwa vorgezeichneten Zweck verfolge: *finem nullum sibi praefixum habere*. Seinen Hauptfehler begeht er darin, dass er den Satz des Aristoteles — *naturam nihil frustra agere* — in durchaus anthropocentrischer Weise interpretiert: *hoc est, quod in usum hominum non sit*. Ueberhaupt hält er den eigennützigen Wunsch der Menschen, es möchte eine nur ihrem Nutzen dienende Welt geben, für den Vater des teleologischen Gedankens und des physicotheologischen Beweises. Er sagt von deren Vertretern: *omnia naturalia tanquam ad suum utile media considerant et credunt, aliquem alium esse, qui illa media paraverit . . hinc statuerunt, deos omnia in usum hominum fecisse et dirigere.* Das ist doch ein beschränkter Standpunkt, den hier der Philosoph einnimmt, eine Verkennung des der Teleologie zur Lösung aufgegebenen Problems, eine Vernachlässigung der zu einer Teleologie im weitesten Sinne — nicht einer blossen Anthropoteleologie — drängenden Thatsachen der Beobachtung und Erfahrung. Wo Spinoza von Zweckmässigkeit redet, meint er nur eine höchst beschränkte, relative und äusserliche Zweckmässigkeit; von einer absoluten oder inneren ist nicht die Rede. Wem sollte er auch eine Absicht und planmässige Vornahme bei Erschaffung der Dinge zutrauen? Gott? Das wäre ein Anthropomorphismus, von dem Spinoza seinen Gott vollständig rein gehalten wissen will; der Natur? Es wäre ihm zufolge absurd, ihr einen Willen zuzuschreiben, denn sie wirkt nur kraft einer in ihr verkörperten Notwendigkeit. Gott und Natur treten sogar wie bei Descartes als Wechselbegriffe auf, er verbindet sie durch das nur zwischen Synonymen gebräuchliche *sive: deus sive natura,* wie: *Pallas sive Minerva.* Gott ist nicht wie bei Geulincx und Malebranche der Schöpfer, er ist vielmehr das allgemeine Wesen der Dinge, er erzeugt nicht die Welt; er ist selbst die Welt, jedes Ding nur ein Modus der Gottheit. Die Annahme der Naturzwecke bezeichnet er in seiner Ethik ausdrücklich als menschlichen Irrtum.[1]) Es ist ebenso unberechtigt zu fragen: wozu sind die Augen da? als: wozu ist der Blinde blind? Er leugnet also die objektive Berechtigung aller Teleologie.

Eine ganz andere Lösung erhält das Problem durch Leibniz. Er will zwar die mechanische Naturerklärung überall durchgeführt wissen, aber es soll dabei das zweckvolle Leben der Natur nicht unerklärt bleiben. Er verfährt auch hier harmonistisch, indem er den Mechanismus des Geschehens als das Mittel und die Erscheinungsform der lebendigen Weltkräfte zu verstehen sucht. Das Geschehen wurde ihm zum Wirken, die Substanzen wurden Kräfte: *la substance est un être*

---

[1]) *Propos. 36. Anh.*

capable d'action. Die schöpferische Gotteskraft bethätigt sich in der mechanischen Ordnung der Bewegungen. Der Raum ist ein Kraftprodukt der Substanzen; die räumliche Erscheinungsweise der Körper folgt den Gesetzen der Mechanik, die nur thatsächliche und zufällige Wahrheiten sind, deren Grund nicht logische Notwendigkeit, sondern Zweckmässigkeit ist, hervorgegangen aus der Wahl Gottes, der durch sie den Weltzweck am besten zu erreichen weiss. Der Mechanismus der Körperwelt ist ein zweckmässig construierter. Der Vitalismus tritt wieder wie im Neuplatonismus als Erklärungsprincip auf, während die Mannigfaltigkeit der Lebenserscheinungen in der Identität des Teiles mit dem Ganzen das Einheitsprincip gewinnt. Jede Kraft ist Weltkraft, jede Substanz eine besondere Form der Weltsubstanz, jede Substanz „repräsentiert" die Fülle der übrigen. Die Kraftsubstanz, die Monade, ist eine Kraft von immanenter Wirksamkeit, nicht physischer, sondern seelischer Natur. Indem sie das Universum als Vorstellung in sich enthält, garantiert sie die Lebenseinheit aller Dinge. Der Unterschied der einzelnen Monaden besteht nur in dem Grade der Deutlichkeit und Klarheit, mit der sie das Universum repräsentieren. Ihr Lebenzziel äussert sich in dem Triebe *(appétition)*, die in ihnen enthaltenen unbewussten Vorstellungen *(petites perceptions)* zu klaren Vorstellungen zu entwickeln. So entsteht ein grosses Entwickelungssystem, welches von den untersten, einfachen, die Materie bildenden Monaden, die sich fast ganz passiv verhalten, bis zu der in höchster Aktivität befindlichen, das Universum in grösster Klarheit und Deutlichkeit vorstellenden Centralmonade-Gott, in sich begreift. Bei gleicher Tendenz aller Monaden sich auszuleben bilden sie vermöge der Gleichheit ihres Inhaltes zu aller Zeit die *harmonie préétablie des substances*, welche einen lückenlosen Zusammenhang und eine strenge Notwendigkeit alles Geschehens bedingt. Ihren einheitlichen Erklärungsgrund findet die prästabilierte Harmonie in der Centralmonade, welche als schöpferischer Allgeist die Stufenfolge und Entwickelungsreihe der Monaden zweckvoll bestimmt hat. Die Gottheit verhält sich zur Reihe der übrigen Monaden wie das Unendliche zum Endlichen; ersteres ist ein Logisch-Notwendiges, dieses ein bloss „Zufälliges", da es auch anders gedacht werden könnte, ohne dass dies Gegenteil ungereimt wäre. Nur Gottes Sein ist eine ewige Wahrheit, er existiert nach dem Satze vom Widerspruch mit logischer oder absoluter Notwendigkeit, während die endlichen Dinge nur nach dem Princip des zureichenden Grundes und insofern „zufällig" existieren. Dass die Welt so ist, wie sie ist, verdankt sie der Wahl unter den vielen Möglichkeiten, welche Gott für sie getroffen hat, sie ist demnach auch für uns die denkbar vollkommenste.

Den Beweis für diesen Satz sowie die praktische Verwertung desselben zur Ableitung und Begründung einer natürlichen Religion suchten die Philosophen der **Aufklärung** in enthusiastischer Bewunderung der Harmonie, Schönheit und Vollkommenheit des Weltalls zu gewinnen. Ihr universalistischer Optimismus kannte als einzigen Gottesbeweis den physicotheologischen. Die Natur verleugnet nie den Charakter ihres Künstlers und lässt mit Evidenz auf dessen Dasein und Eigenschaften schliessen. Ihre Betrachtung der Natur ist wesentlich ästhetisch; der Geschmack der gebildeten Menschheit gilt als Grundlage des religiösen wie des moralischen Gefühles. Die Teleologie wird bestimmt durch die geschmackvolle, künstlerische Auffassung, die den Blick von der anthropocentrischen, platten Nützlichkeitsrücksicht mit begeistertem Schwunge in die Sphären des Universums lenkt und die Zweckmässigkeit des Alls in der harmonischen Schönheit jedes einzelnen seiner Gebilde zu begreifen sucht. So übte der Stifter des moralischen Sensualismus, Shaftesbury, durch eine poetische Weltverklärung im Sinne einer solchen Teleologie besonders auf deutsche Dichter der Aufklärungszeit, wie Herder und Schiller einen unverkennbaren Einfluss aus. Auch ein Voltaire und Diderot konnten sich wenigstens zeitweilig für eine solche Weltbetrachtung begeistern und ersterer den physicotheologischen Beweis für unwiderleglich halten, während andre Aufklärer aus der ästhetischen Teleologie wieder in die anthropocentrische Nützlichkeitslehre zurückfielen, die in Wolffs empirischer Teleologie und in der behaglichen Ausmalung der Glückseligkeit des *homo sapiens* durch die Popularphilosophen das Centrum der teleologischen Fragestellung in die Peripherie verlegte.

Zu den vorurteilslosesten Denkern jener Zeit, die das Problem richtig ergriffen und Empfänglichkeit für die künstlerische

Arbeit der Natur und Verständnis besassen für den Selbstzweck, den diese in ihren Organismen verwirklichte, gehört Hermann Samuel Reimarus, der wegen seines, aus der physischen Teleologie genommenen Argumentes für das Dasein Gottes von Kant das Lob erhält, er habe sich „in seinem noch nicht übertroffenen Werke, worin er diesen Beweisgrund mit der ihm eigenen Gründlichkeit und Klarheit weitläuftig ausgeführt, dadurch ein unsterbliches Verdienst erworben."[1]) Reimarus sucht den Satz zu beweisen: „Gott handelt in der Welt mit Absicht, und diese ist auf das Wohl der Lebendigen gerichtet; alles aber in der Welt, was diese Absicht zur Wirklichkeit bringen kann, ist unter die Mittel der göttlichen Absicht zu zählen. Da nun alles in der Welt durch die Kräfte der Dinge, d. i. durch die Natur ihrem Wesen gemäss zur Wirklichkeit kömmt, so ist das Wesen und die Natur der Dinge das Mittel göttlicher Absichten. Durch die Betrachtung der Welt werden wir rückwärts, vermittelst der darin liegenden Absichten zu eben dem Erkenntnisse des Daseins Gottes und seiner Eigenschaften und Wirkungen gebracht."[2]) Indessen fliesst der allgemeine Beweis für die göttlichen Absichten nicht aus der äusserlichen Einrichtung der Welt, sondern aus einer inneren Beschaffenheit der Materie, die in sich selbst keinen zureichenden Grund der Wirklichkeit hat, denselben vielmehr in einer ausser ihr liegenden wirkenden Ursache suchen muss, welche die körperliche, leblose Welt nach Übereinstimmung mit dem Wesen und der Natur der Lebendigen hervorgebracht hat. Dieser Satz gilt ihm als Obersatz für alle Sätze, welche die „wunderwürdige" Übereinstimmung der Dinge in der Welt auf dem Wege der Erfahrung lehren.[3]) Reimarus fasst die Teleologie schon bestimmt als heuristisches Princip, ohne welches „lauter wüstes Ungefähr, lauter Zerrüttung und Unordnung in der Welt und ihren Begebenheiten" für unsere Betrachtung vorhanden sein würde,[4]) ohne welches auch eine Verknüpfung

---

[1]) Kr. der Urtlskrft. II. Tl. Kr. d. tel. U. II. Abt. Anh. Allgem. Anm. z. Tel. S. W. VII. S. 366.

[2]) „Die vornehmsten Wahrheiten der natürlichen Religion in 10 Abhandlungen auf eine begreifliche Art erkläret und gerettet von Hermann Samuel Reimarus, Prof. in Hamburg. 3. Aufl. Hamburg 1766." S. 216/7.

[3]) Ebendas. S. 223.

[4]) Ebendas. S. 298.

der Dinge untereinander und ein Zusammenhang des Ganzen gar nicht einzusehen sei, da die Mannigfaltigkeit der Bildung und alles dessen, was zum körperlichen Leben gehört, für unsern Verstand ins Unendliche läuft.[1]) „Ich möchte wissen, was sich Menschen von der ganzen Welt oder Natur ohne Absicht für einen Begriff machen könnten."[2]) „Wir haben die Schöpfung nicht anders als einen Ausdruck göttlicher Vorstellung anzusehen."[3])

Solche Sätze und Argumente fanden indessen auf die Dauer nicht mehr unbedingte Zustimmung; und schwerer zu befriedigende Denker wandten ihr Interesse den Problemen der Theodicee zu. Leibniz hatte das physische Übel als Strafe für das moralische Übel, dieses als Folge des metaphysischen Übels der Endlichkeit und Beschränktheit der Geschöpfe erklärt und die Lösung des Problems von der Beantwortung der Frage nach dem Grunde der göttlichen Zulassung des metaphysischen Übels abhängig gemacht. Ihm sind Endlichkeit und Unvollkommenheit Wechselbegriffe, eine endliche Welt ohne Übel daher logisch undenkbar; aber die Güte Gottes bürgt dafür, dass die Welt — trotz der Unabhängigkeit der metaphysischen Wahrheiten vom göttlichen Willen — die denkbar beste wurde, wenn auch seine Weisheit ihm nicht eine völlig übellose, sondern nur die beste unter den möglichen Welten wählen liess.

Aber die Naturbewunderung, durch welche die natürliche Religion auf physicotheologischem Wege zum Begriff einer göttlichen Intelligenz zu gelangen glaubte, schloss im Deismus einen verhängnissvollen Bund mit einer naturalistischen Metaphysik, welche die Naturreligion nach Aufhebung der Transcendenz und Persönlichkeit Gottes in Pantheismus und Hylozoismus enden liess, während ihr gegenüber die mechanische Naturerklärung ohne viel Anstrengung das Feld gewann, und bald ihre Geltung auch auf das Gebiet der organischen Welt auszudehnen verstand. Damit verlor auch der physicotheologische Beweis, dessen Prämissen schon längst dem theoretischen Erkennen nicht mehr unzweifelhaft richtig erscheinen konnten,

---

[1]) Ebendas. S. 307.
[2]) Ebendas. S. 297.
[3]) Ebendas. S. 305.

seine Anziehungs- und Beweiskraft. Ein äusseres Ereignis half den Umschwung vollziehen, die teleologischen Anschauungen vollends zu Grabe tragen, und liess, dem Einflusse des Baconismus, Voltaires, Pierre Bayles und ihrer Gesinnungsverwandten Raum gebend, alle Zweckmässigkeit und Ordnung in der Natur als blosses Phänomen des menschlichen Geisteslebens bei völliger Indifferenz der Natur betrachten. Jenes Ereigniss war das Erdbeben in Lissabon 1755, welches alle Naturzweckmässigkeit *ad absurdum* zu führen und statt ihrer einer blinden Notwendigkeit alles Geschehens den Vorzug zu geben schien.

2. Hier sind wir auch in der Verfolgung der historischen Entwickelung des teleologischen Gedankens an der Stelle angelangt, von welcher aus wir den geeigneten Schwinkel für die Beurteilung der Entwickelung dieses Gedankens in Kants Philosophie gewinnen können. Zu diesem Zwecke wollen wir vorerst die noch unberücksichtigt gelassenen Schriften, soweit sie für unsere Frage in Betracht kommen, durchmustern.

Noch in das Jahr jenes, ganz Europa in Schrecken setzenden Naturereignisses fällt das Erscheinen des seinem grossen Könige gewidmeten Tractats: „Allgemeine Naturgeschichte und Theorie des Himmels, oder Versuch von der Verfassung und dem mechanischen Ursprunge des ganzen Weltgebäudes nach Newtonschen Grundsätzen abgehandelt", und im Jahre darauf erschienen unter seinem Namen zwei Abhandlungen, welche sich insbesondere mit jenen „merkwürdigsten Vorfällen" beschäftigten.

In der Naturgeschichte des Himmels fasst Kant den von ihm gewählten Standpunkt in die Sätze zusammen: „Ich nehme die Materie aller Welt in einer allgemeinen Zerstreuung an und mache aus derselben ein vollkommenes Chaos. Ich sehe nach den ausgemachten Gesetzen der Attraktion den Stoff sich bilden und durch die Zurückstossung ihre Bewegung modificieren. Ich geniesse das Vergnügen ohne Beihilfe willkürlicher Erdichtungen, unter der Veranlassung ausgemachter Bewegungsgesetze sich ein wohlgeordnetes Ganzes erzeugen zu sehen, welches demjenigen Weltsysteme so ähnlich sieht, das wir vor Augen haben, dass ich mich nicht entbrechen kann, es für dasselbe zu halten. Diese unerwartete Auswickelung der Natur im Grossen wird mir anfänglich verdächtig, da sie auf so schlechtem und einfachem Grunde eine so zusammengesetzte Richtigkeit gründet. Ich belehre mich, endlich aus der vorher angezeigten Betrachtung, dass eine solche Auswickelung der Natur nicht etwas Unerhörtes an ihr ist, sondern dass ihre wesentliche Bestrebung solche notwendig mit sich bringt, und dass dieses das herrlichste Zeugnis ihrer Abhängigkeit von demjenigen Urwesen ist, welches sogar die Quelle der Wesen selber und ihrer ersten Wirkungsgesetze in sich hat."[1]) Im Gegensatze zu den Kosmogonieen der Alten findet er "die Materie an gewisse notwendige Gesetze gebunden", also einer "höchst weisen Absicht unterworfen — und es ist ein Gott eben deswegen, weil die Natur auch selbst im Chaos nicht anders als regelmässig und ordentlich verfahren kann."[2]) Aber der wissenschaftlichen Erkenntnis der Erzeugung und Bildung einer organischen Einzelerscheinung stellen sich die grössten Schwierigkeiten in den Weg, Kant getraut sich "eher die Bildung aller Himmelskörper, die Ursache ihrer Bewegung, kurz den Ursprung der ganzen gegenwärtigen Verfassung des Weltbaues einzusehen, ehe die Erzeugung eines einzigen Krautes oder einer Raupe aus mechanischen Gründen deutlich und vollständig kund werden wird."[3]) Die Schwierigkeit den Organismus nur mechanisch zu begreifen liegt in der "Unwissenheit der wahren, inneren Beschaffenheit des Objekts und der Verwickelung der in demselben vorhandenen Mannigfaltigkeit."[4]) Im achten Hauptstück des Buches, worauf Kant in der Vorrede ausdrücklich verweist, will er den allgemeinen Beweis von der Richtigkeit einer mechanischen "Lehrverfassung" erbringen. Zwar geht er davon aus: "Es muss die höchste Weisheit den Entwurf gemacht und eine unendliche Macht selbigen ausgeführt haben, sonst wäre es unmöglich, so viele, in einem Zweck zusammenkommende Absichten in der Verfassung des Weltgebäudes anzutreffen" — aber die "Auswickelung" vollzieht sich kraft der von dem höchsten Verstande in die Natur gelegten, allgemeinen, unwandelbaren Bewegungsgesetze, welche "lauter Züge aus dem allerweisesten Entwurfe sind, aus dem

---

[1]) Allgem. Naturgesch. u. Theorie des Himmels etc. Vorrede, S. W. VIII, S. 228.
[2]) Ebendas. S. 231.
[3]) Ebendas. S. 231.
[4]) S. 233.

die Unordnung verbannt ist."[1]) Wenn nun aber die Übereinstimmungen, die der Weltbau in allen seinen Verbindungen zu dem Nutzen der „vernünftigen Creatur" hat, etwas mehr als blosse allgemeine Naturgesetze zum Grunde zu haben scheinen, so findet das seine Erklärung darin, „dass, da die Naturen der Dinge keine andere als eben diese (göttliche) Urquelle erkennen, ihre wesentlichen und allgemeinen Beschaffenheiten eine natürliche Neigung zu anständigen und untereinander wohl übereinstimmenden Folgen haben müssen."[2]) So ist „der eine Schluss ganz richtig: wenn in der Verfassung der Welt Ordnung und Schönheit hervorleuchten, so ist ein Gott. Allein der andere ist nicht weniger gegründet: wenn diese Ordnung aus allgemeinen Naturgesetzen hat herfliessen können, so ist die ganze Natur notwendig eine Wirkung der höchsten Weisheit."[3]) Jedoch die Illusion, die unmittelbare Anwendung der göttlichen Weisheit an allen Anordnungen der Natur, die unter sich Harmonie und nützliche Zwecke begreifen, erkennen zu wollen, ohne der Entwickelung aus allgemeinen Bewegungsgesetzen solche Folgen zuzutrauen, wird zerstört durch die Erweiterung des Gesichtskreises über einen einzigen Himmelskörper hinaus auf das Ganze des Weltbaues.

Mit der anthropocentrischen Teleologie geht Kant im dritten Teile: „Von den Bewohnern der Gestirne" streng in's Gericht und empfiehlt auch hier den Blick auf's Grosse, auf die Vollkommenheit und Mannigfaltigkeit der Welt zu richten, um sich vor dem verderblichen Irrtume der Selbstüberschätzung zu bewahren, und sich den Weg zu einer richtigen Weltanschauung offen zu halten.

Solche Eindrücke sucht Kant auch in der oben bereits erwähnten Beschreibung des Lissaboner Erdbebens zu fixieren und der Welt- und Lebenserkenntnis dienstbar zu machen. Er sagt in den einleitenden Worten dieser Schrift[4]): „Die Betrach-

---

[1]) II. Tl. 8. Hptst. Beweis etc. S. 346.
[2]) Ebendas. S. 359.
[3]) S. 360.
[4]) Geschichte und Naturbeschreibung der merkwürdigsten Vorfälle des Erdbebens, welches an dem Ende des 1755sten Jahres einen grossen Teil der Erde erschüttert hat." S. W. IX, S. 27.

tung solcher schrecklichen Zufälle ist lehrreich. Sie demütigt den Menschen dadurch, dass sie ihn sehen lässt, er habe kein Recht, oder zum wenigsten, er habe es verloren, von den Naturgesetzen, die Gott angeordnet, lauter bequeme Folgen zu erwarten und er lernt vielleicht auf diese Weise einsehen, dass dieser Tummelplatz seiner Begierden billig nicht das Ziel aller seiner Absichten enthalten sollte." Er warnt eindringlich davor, solche Heimsuchungen als Zornstrafe und Rache Gottes anzusehen, denn „diese Art des Urteils ist ein sträflicher Vorwitz, der sich anmasst, die Absichten der göttlichen Ratschlüsse einzusehen und nach seinen Einsichten auszulegen."[1] Auch hier bezeichnet er es als eine thörichte Einbildung, wenn der Mensch lediglich sich als das Ziel der Anstalten Gottes betrachte, der kein anderes Augenmerk haben solle, als ihn allein. Gerade Ereignisse, wie das inredestehende, bewiesen, dass der Mensch im Dunkeln ist, wenn er die Absichten errathen will, die Gott in der Regierung der Welt vor Augen hat. Doch verwahrt er sich gegen den Schluss „als wenn der Mensch einem unwandelbaren Schicksale der Naturgesetze, ohne Nachsicht auf seine besonderen Vortheile überlassen sei. Ebendieselbe höchste Weisheit, von welcher der Lauf der Natur diejenige Richtigkeit entlehnt, die keiner Ausbesserung bedarf, hat die niederen Zwecke den höheren untergeordnet."[2]

Zwischen die Abfassung der ‚Kritik der reinen Vernunft' und der ‚Kritik der Urteilskraft' fällt das Erscheinen der Arbeit: „Über den Gebrauch teleologischer Principien in der Philosophie," zuerst im Deutschen Merkur im Januar 1788 abgedruckt — eine von der Naturforschung unserer Zeit vielumworbene Schrift. — Hier nennt Kant als die Wege, auf denen die Naturforschung zu gehen habe, den theoretischen und den teleologischen Weg und sieht die Schwierigkeit, recht verstanden zu werden, in der „noch nicht genug in's Licht gestellten Befugnis sich, wo theoretische Erkenntnisquellen nicht zulangen, des teleologischen Princips bedienen zu dürfen, doch mit einer solchen Beschränkung seines Gebrauchs, dass der theoretischspeculativen Nachforschung das Recht des Vortritts gesichert

---

[1] Ebendas. S. 61.
[2] Ebendas. S. 62.

wird, um zunächst ihr ganzes Vermögen daran zu versuchen, imgleichen, dass, im Fortgang, diese Freiheit ihr jederzeit unbenommen bleibe."¹) Aber der Grundsatz, dass alles in der Naturwissenschaft natürlich erklärt werden müsse, bezeichnet zugleich die Grenzen derselben. „Denn man ist zu ihrer äussersten Grenze gelangt, wenn man den letzten unter allen Erklärungsgründen braucht, der noch durch Erfahrung bewährt werden kann."²) „Weil der Begriff eines organisierten Wesens es schon bei sich führt, dass es eine Materie sei, in der alles wechselseitig als Zweck und Mittel auf einander in Beziehung steht, und dies sogar nur als System von Endursachen gedacht werden kann, mithin die Möglichkeit desselben nur eine teleologische, keineswegs aber physisch-mechanische Erklärungsart, wenigstens der menschlichen Vernunft, übrig lässt: so kann in der Physik nicht nachgefragt werden, woher denn alle Organisation selbst ursprünglich herkomme? — — — Ich meinerseits leite alle Organisation von organischen Wesen (durch Zeugung) ab, und spätere Formen (dieser Art Naturdinge) nach Gesetzen der allmählichen Entwickelung von ursprünglichen Anlagen, (dergleichen sich bei den Verpflanzungen der Gewächse häufig antreffen lassen,) die in der Organisation ihres Stammes anzutreffen waren. Wie dieser Stamm selbst entstanden sei, diese Aufgabe liegt gänzlich über den Grenzen aller dem Menschen möglichen Physik hinaus."³) . . . „Es mag die Ursache organisierter Wesen in der Welt, oder ausser der Welt anzutreffen sein, so müssen wir entweder aller Bestimmung ihrer Ursache entsagen, oder ein intelligentes Wesen uns dazu denken, nicht als ob wir, (wie der sel. Mendelssohn mit anderen glaubte) einsähen, dass eine solche Wirkung aus einer anderen Ursache unmöglich sei, sondern weil wir, um eine andere Ursache mit Ausschliessung der Endursachen zum Grunde zu legen, uns eine Grundkraft erdichten müssten, wozu die Vernunft durchaus kein Befugnis hat" . . .⁴) „Dass es in der Natur Zwecke geben müsse, kann kein Mensch *a priori* einsehen . . folglich ist der Gebrauch

---

¹) Ueber den Gebrauch etc. . . . S. W. X, S. 68/9.
²) Ebendas. S. 90.
³) Ebendas. S. 91.
⁴) Ebenda S. 94.

des teleologischen Princips in Ansehung der Natur jederzeit empirisch bedingt", ..[1]) wogegen von einer reinen Zwecklehre, welche keine andere, als die der Freiheit ist, erwartet werden kann, dass sie den Urgrund der zweckmässigen Verbindung vollständig und für alle Zwecke bestimmt anzugeben vermag. Reine, praktische Teleologie, d. i. Moral, ist aber bestimmt, ihre Zwecke in der Welt zu verwirklichen, und muss sich dazu ebensowohl der natürlichen Teleologie wie der Philosophie über die Möglichkeit der Natur überhaupt, d. i. der Transcendental-Philosophie, bedienen.[2])

In der ‚Kritik der praktischen Vernunft' findet sich schon auf die Frage nach dem letzten Zwecke Gottes in der Schöpfung der Welt die Antwort: Das höchste Gut; dessen Erreichung von der Sittlichkeit, als der Würdigkeit vernünftiger Wesen glückselig zu sein, abhängig ist.[3]) Man kann der höchsten, selbständigen Weisheit nicht einen Zweck beilegen, der sich bloss auf Güte gründete, und auf die Heiligkeit des göttlichen Willens keinen Bedacht nähme . .[4]) In der Ordnung der Zwecke ist der Mensch niemals blosses Mittel, — nicht einmal in der Hand Gottes — sondern Zweck an sich selbst und als Subjekt des moralischen Gesetzes als Person und als Gattung heilig.[5]) Dieses moralische Gesetz führt durch Postulate der praktischen Vernunft u. a. zu dem Begriffe, welcher zwar von der speculativen Vernunft gedacht, aber von ihr nicht näher bestimmt, oder zu einer Theorie ausgebildet werden kann: zu dem theologischen Begriffe des Urwesens, als dem „obersten Princip des höchsten Gutes in einer intelligiblen Welt durch gewalthabende, moralische Gesetzgebung in derselben."[6]) Somit entscheidet sich auch die Frage: „Ob der Begriff von Gott ein zur Physik oder ein zur Moral gehöriger Begriff sei?"[7]) und wenn man zu Gott, als dem Urheber aller Dinge in der

---

[1]) S. 95.
[2]) cf. S. 95/6.
[3]) Kr. d. pr. V. I Tl. II. Bch., II. Hptst. Von d. Dial. d. r. Vern. in Bestimm. ds. Begr. v. höchs. Gut. V. S. W. IV. S. 253.
[4]) Ebendas. S. 253.
[5]) Ebendas. S. 254.
[6]) Ebendas. S. 256.
[7]) Ebendas. S. 262.

Erklärung der Natureinrichtungen seine Zuflucht nimmt, so ist das eben überall ein Geständnis, dass man mit seiner Philosophie am Ende sei, „weil man genötigt ist, etwas, wovon man sonst für sich keinen Begriff macht, anzunehmen, um sich von der Möglichkeit dessen, was man vor Augen sieht, einen Begriff machen zu können." [1]) Es ist auch unmöglich vermittelst der Metaphysik von der Kenntnis der sichtbaren Welt durch sichere Schlüsse zum Begriff von Gott und zum Beweise seiner Existenz zu gelangen, da wir alle Welten kennen müssten, um die Frage nach der bestmöglichen, die uns einen Schluss auf einen vollkommenen Urheber gestattete, beantworten zu können. Aber die Existenz eines solchen Wesens durch blosse Begriffe erkennen zu wollen, ist darum ganz unmöglich, weil ich bereits über den Begriff, der nur in meinem Verstande ist, hinausgehe, wenn ich ein Wesen ausserhalb meines Verstandes setze, indem ich von ihm behaupte, es existiere. Während aber der Begriff von Gott auf dem empirisch-kosmologischen Wege nie genau bestimmt wird, und mit dem metaphysisch-transcendentalen Beweisgrunde sowenig wie mit dem ontologischen etwas auszurichten ist, gewährt der moralische Grundsatz die einzig sichere Position, durch welche der Begriff des Welturhebers nicht nur möglich wird, sondern dass er auch den der höchsten Vollkommenheit involviert. Der Begriff von Gott ist darum ebenso wie die Vernunftbegriffe der Unsterblichkeit und Freiheit, mit denen der Begriff des Zweckes unzertrennbar vereinigt ist, zur Moral gehörig.[2])

Das ist doch *in nuce* schon das Resultat, welches zwei Jahre später in der Kritik der Urteilskraft seine eingehende Begründung fand.

Der ursprünglich zum Zweck einer Einleitung zu letztgenannter Schrift ausgearbeitete, zuerst 1794 in J. Sigismund Becks Excerpt erschienene Aufsatz, der unter dem Titel: „Über Philosophie überhaupt" genannt zu werden pflegt, bringt materiell nichts neues zu unserer Frage, ergänzt aber das Hauptwerk nicht selten durch die Prägnanz des Ausdrucks für die dort in grösserer Breite behandelten Gedanken. Die *quaestio facti* des teleologischen Beurteilens wird treffend in

---
[1]) Ebendas. S. 262.
[2]) Ebendas. S. 262/64.

den Worten gezeichnet: „Die Urteilskraft macht sich selbst *a priori* die Technik der Natur zum Princip ihrer Reflexion, ohne doch diese erklären, noch näher bestimmen zu können, oder dazu einen objektiven Bestimmungsgrund der allgemeinen Naturbegriffe zu haben." . . . „Das Princip der reflectierenden Urteilskraft, dadurch die Natur als System nach empirischen Gesetzen gedacht wird, ist aber bloss ein Princip für den logischen Gebrauch der Urteilskraft, zwar ein transcendentales Princip seinem Ursprunge nach, aber nur, um die Natur *a priori* als qualificiert zu einem logischen Systeme ihrer Mannigfaltigkeit unter empirischen Gesetzen anzusehen."[1]) Der Begriff der Zweckmässigkeit der Natur wird bestimmt als ein eigentümlicher Begriff der reflectierenden Urteilskraft, nicht der Vernunft, da der Zweck gar nicht im Objekte, sondern in dem Vermögen des Subjektes zu reflectieren gesetzt wird.[2]) Auch die Erklärung dessen, was als zweckmässig gilt, ist hier viel durchsichtiger als im Hauptwerk gegeben: „Zweckmässig nennen wir dasjenige, dessen Dasein eine Vorstellung desselben Dinges vorauszusetzen scheint;"[3]) und die Anwendung des Begriffs auf eine Art des gesetzlichen Naturgeschehens: „Naturgesetze, die so beschaffen und aufeinander bezogen sind, als ob sie die Urteilskraft zu ihrem eigenen Bedarfe entworfen hätte, haben Ähnlichkeit mit der Möglichkeit der Dinge, die eine Vorstellung dieser Dinge als Grund derselben voraussetzt. Also denkt sich die Urteilskraft durch ihr Princip eine Zweckmässigkeit der Natur in der Specification ihrer Formen durch empirische Gesetze."[4]) Die Frage, ob der Begriff einer Zweckmässigkeit der Natur nicht dasselbe bedeute, was der Begriff der Vollkommenheit sagt, wird dahin beantwortet, dass Vollkommenheit als Vollständigkeit des Vielen, sofern es zusammen Eins ausmacht, ein ontologischer, formaler Begriff ist, während Zweckmässigkeit die Gesetzmässigkeit einer an sich zufälligen Verbindung des Mannigfaltigen bedeutet und bloss die Möglichkeit der Dinge betrifft.[5]) Objektive Zweckmässigkeit, wie sie vornehm-

---

[1]) „Ueber Philosophie überhaupt". S. W. I, S. 149/50.
[2]) Ebendas. S. 151.
[3]) Ebendas. S. 151.
[4]) S. 151.
[5]) cf. S. 150.

lich an organisierten Wesen beobachtet wird, involviert den Begriff eines Zweckes der Natur, „in Beziehung auf welchen wir den Dingen auch Vollkommenheit beilegen, darüber das Urteil teleologisch heisst."[1]) Ein solches Urteil „vergleicht den Begriff eines Naturproduktes nach dem, was es ist, mit dem, was es sein soll."[2]) Der Beurteilung der Möglichkeit wird damit der Begriff eines Zweckes zum Grunde gelegt, der *a priori* vorhergeht, obgleich wir den Zweck der Natur lediglich durch Erfahrung auffinden, und ein teleologisches Urteil nur durch Verbindung der Vernunft mit empirischen Begriffen entstehen kann. Die am Schlusse der genannten Arbeit gegebenen Schemata über die Vermögen des Gemütes und der „Abriss ihrer systematischen Verbindung" finden sich mit einigen Abweichungen in der IX. Einleitung zum Hauptwerke wieder.

In der Bearbeitung der von der Königl. Akademie der Wissenschaften in Berlin für das Jahr 1791 gestellten Preisfrage: Welches sind die wirklichen Fortschritte, die die Metaphysik seit Leibniz's und Wolf's Zeiten in Deutschland gemacht hat? (ediert von D. Fr. Th. Rink 1804) kommt Kant noch einmal ausführlicher auf den Gegenstand zu sprechen. Für den Ungrund des ontologischen Beweises, des Gottesbeweises aus rein begrifflichen Elementen, und seiner, für uns in Betracht kommenden Folgerungen, kann dort schon der *consensus omnium metaphysicorum* angerufen werden.[3]) Aber auch der scheinbar auf Empirie sich stützende kosmologische Beweis von der schlechterdings notwendigen Existenz einer allem Existierenden zugrunde liegenden Ursache ist nur: „ein Fortschritt der Metaphysik durch die Hinterthür"[4]), denn das zu Hilfe gerufene absolut-notwendige Ding ist ein blosser Modalitätsbegriff, „der nicht als Dinges-Beschaffenheit, sondern nur die Verknüpfung der Vorstellung von ihm mit dem Erkenntnisvermögen, die Beziehung auf das Subjekt enthält."[5]) Als einziges Argument für das Dasein Gottes wird auch hier das moralische, auf den Endzweck, den der moralische Mensch hat und haben soll,

---

[1]) S. 159/60.
[2]) Ebendas. S. 165.
[3]) „Ueber die Fortschritte" etc. S. W. III. S. 468.
[4]) Ebendas. S. 468.
[5]) Ebendas. S. 469.

bezogene genannt, welches ein „*argumentum κατ' ἄνθρωπον* heissen kann, gültig für Menschen als vernünftige Weltwesen überhaupt — und vom theoretisch-dogmatischen *κατ' ἀλήθειαν*, welches mehr für gewiss behauptet, als der Mensch wohl wissen kann, unterschieden werden muss."[1]) Die Moralität vernünftiger Weltwesen gründet sich aber wiederum auf den Begriff der Freiheit, die unbedingte Selbstthätigkeit, deren man sich bewusst sein muss, um moralisch gut sein zu können. Dieser Begriff aber beugt sich nicht unter den einer physischen Teleologie, unter dem man die Welt der vernunftlosen Wesen geordnet sich vorstellen kann, da nicht einmal die moralisch-teleologische Vollkommenheit, die sich auf den Menschen selbst ursprünglich gründen muss, der Zweck, d. i. die beabsichtigte Wirkung eines von ihm unterschiedenen anderen sein kann.[2]) Des Menschen Endzweck, das übersinnliche Ziel seiner praktischen Vernunft, kann aber von dem Physischen nicht getrennt werden, da es als höchstes Gut nicht ohne das Physische durch die Moralität allein vollkommen dargestellt zu werden vermag. Darum darf der Mensch eine moralisch-teleologische Verknüpfung in der Welt, die nach einer für ihn unbegreiflichen Ordnung der Natur auf den Endzweck hinausläuft, als ein praktisch-dogmatisches Princip annehmen; man kann und soll also „die Welt nach der Analogie mit der physischen Teleologie, welch' letztere uns die Natur wahrnehmen lässt, *a priori*, als bestimmt, mit dem Gegenstande der moralischen Teleologie, nämlich dem Endzweck aller Dinge nach Gesetzen der Freiheit zusammenzutreffen, annehmen, um der Idee des höchsten Gutes nachzustreben."[3]) Dieser Begriff ist nicht ein, wie die Leibniz-Wolf'sche Philosophie meint, in theoretischer Rücksicht haltbarer, sondern ein moralisches Produkt, ein transcendentaler Begriff, der indess in „praktisch-dogmatischer Rücksicht ein reeller und durch die praktische Vernunft für unsere Pflicht sanktionierter Begriff ist."[4]) Die Annahme eines höchsten Gutes als Endzweck ergänzt auch den Mangel eines theoretischen Beweises für die Unsterblichkeit der Seele, da das Erstreben

---

[1]) Ebendas. S. 471.
[2]) Ebendas. S. 472.
[3]) Ebendas. S. 473.
[4]) Ebendas. S. 473.

jenes Endzweckes auch zur Annahme einer, der Unendlichkeit des Zieles proportionierten Dauer der Seele treibt. Auch hierfür liegt der Freiheitsbegriff zu grunde, denn erst nachdem die moralischen Gesetze das Übersinnliche im Menschen, die Freiheit, „entschleiert" haben, hat die Vernunft gerechte Ansprüche auf Erkenntnis des Übersinnlichen, wenn auch mit Einschränkung auf einen Gebrauch in praktisch-dogmatischer Rücksicht. Die „zwei Angeln", um welche alle Metaphysik sich dreht, sind: „die Lehre von der Idealität des Raumes und der Zeit" und „die Lehre von der Realität des Freiheitsbegriffes, als Begriff eines erkennbaren Übersinnlichen, wobei die Metaphysik doch nur praktisch-dogmatisch ist."[1] — Eine neue Wendung des Gedankens tritt in Kants späteren Schriften nicht hervor.

Die Darstellung der historischen Entwickelung des teleologischen und physicotheologischen Gedankens darf hier abbrechen, nachdem sie die Keime desselben nachgewiesen und die verschiedenen Stadien seiner Evolution in der Hand der Metaphysiker bis auf Kant veranschaulicht hat. Die Metamorphose, die er in Kants Hauptwerken erfahren, konnte erst dann klar hervortreten, wenn der *status quo ante* Kant festgestellt, und das zur Bearbeitung für ihn bereitliegende Material nach seiner Quantität und Qualität gesichtet und einer Prüfung unterzogen war. Das Fundament seines Baues ist von ihm in der Kritik der reinen Vernunft breit und tief gelegt worden, der Hauptbau wurde in der Kritik der Urteilskraft ausgeführt, die übrigen, im historischen Teile skizzierten einschlägigen Arbeiten bilden die Pilaster und Strebepfeiler, die dem Baue nicht unwichtige Dienste leisten, und demselben ein schärferes Gepräge geben.

III.

Nach vorausgegangener eigener Besichtigung dieses Gebäudes und nach Kenntnisnahme der Werdensgeschichte seines Grundrissgedankens dürfen wir uns nunmehr der Führung sachverständiger Beurteiler anvertrauen und ebenso ihrer Darlegung der Stellung, welche die Teleologie im Ganzen der kantischen Philosophie einnimmt, folgen, wie die Vorzüge und Mängel nennen hören, die ihnen zufolge der Ausbau des teleologischen Gedankens durch Kants Hammer und Kelle gefunden und auf-

---

[1] Ebenda, Anhang z. Uebersicht des Ganzen. S. 477.

zuweisen hat. Dabei kann es aber nicht sowohl auf eine Geschichte der Kritik dieses Gedankens seit Kants Zeit abgesehen sein, da eine solche den Rahmen unserer Aufgabe mit dem Eingehen auf die nachkantischen Systeme verlassen würde, als vielmehr auf die Konstatierung dessen, was den neuesten Kantkritikern als Kants Stellung zur Teleologie und Physicotheologie gilt.

Nach Kuno Fischer[1]) lehrt der transcendentale Idealismus Kants die Entstehung der gesamten Erscheinungswelt als Phänomene der Ideen als den Dingen an sich. Die Erscheinungen sind jedoch von den Dingen an sich durchaus verschieden; nur die ersteren sind durch Erfahrung theoretisch erkennbar; da also letztere unerkennbar sind, so gibt es auch keine anderen Erkenntnisobjekte als die Erscheinungen oder die Sinnenwelt. Der transcendentale Idealismus ist demnach die Lehre von dem Ursprunge der Erscheinungen aus dem Stoffe und den Vorstellungsformen unserer Vernunft. Vom Standpunkt der Erkennbarkeit der Dinge aus betrachtet ist die kantische Auffassung empirischer Realismus. Transcendentaler Idealismus und empirischer Realismus verhalten sich aber zu einander wie Grund und Folge. Nach letzterem sind die Dinge ausser uns abhängig von unserer Vorstellung. Es gibt keine anderen *realia*, als solche Dinge, welche durch mögliche Erfahrung theoretisch werden, d. h. sich unserer Einsicht erschliessen können; wir können keine anderen Erkenntnisobjekte als die sinnlicher Erscheinungen haben. (S. 250.) Das ist nach K. Fischer der Standpunkt Kants in der ersten Ausgabe der Vernunftkritik — von 1781 — während nach dem Texte und der Vorrede der zweiten Ausgabe — von 1787 — der Idealismus widerlegt und die Dinge ausser uns als unabhängig von der Vorstellung, also als Dinge an sich gelten. Der Standpunkt der ersten Ausgabe ist der consequentere. (S. 238/9.) Ihm zufolge besitzen die Dinge an sich Realität und Causalität in Hinsicht auf unsere sinnlichen Eindrücke oder unseren empirischen Erkenntnisstoff, wogegen ihnen die theoretische Erkennbarkeit (empirische Realität) und äussere Causalität abgesprochen werden

---

[1]) Kritik der Kantischen Philosophie [Philosophische Schriften 2.] 2. Aflge. Heidelberg 1892. S. 237.

muss, und zwar letzteres darum, weil äussere Ursachen Dinge oder Erscheinungen sind, welche aus den Empfindungen entstehen, also dieselben unmöglich erzeugen.

Zur kantischen Terminologie vorab erst eine Einwendung Liebmanns[1]): Besitzen die Dinge der Sinnenwelt empirische Realität, d. i. Wirklichkeit, so ist die kantische Bezeichnung: Erscheinung „worin offenbar das liegen würde, dass etwas vorausgesetzt werden solle, was erscheint," unzutreffend. „Ein ausserhalb von Raum und Zeit Liegendes ist aber ein für allemal Unsinn. Demnach darf die räumlich-zeitliche Welt nicht ‚Erscheinung' betitelt werden."[2])

Die Causalität der Dinge an sich ist übersinnlich und intelligibel, sie ist die Causalität des Willens. Dass nämlich bei Kant Ding an sich = Wille sei, ist nach K. Fischer keineswegs so problematisch, wie Schopenhauer meint, wenn er sagt: „Ich nehme wirklich an, obwohl es nicht zu beweisen ist, dass Kant, so oft er vom Dinge an sich redete, in der dunkelsten Tiefe seines Geistes immer schon den Willen undeutlich dachte."[3]) Kant hat mit deutlichem Bewusstsein die Dinge an sich als Ideen, diese als Zwecke, diese als Willensbestimmungen und den Willen selbst als Freiheit gefasst. Die Freiheit leuchtet uns nur aus unserem eigenen moralischen Wesen mit unmittelbarer und vollster Gewissheit ein, aber sie ist mit dem Übersinnlichen, welches wir der Natur als Phänomen unterlegen

---

[1]) Kant und die Epigonen. S. 27.

[2]) Über die Usurpation der Worte φαινόμενα und νοούμενα vonseiten Kants vergl. übrigens Schopenhauer: Die Welt a. W. und Vorst. 2. Afl. 1844. I, S. 537. Schopenhauer gebraucht für das, was Kant mit ‚Erscheinung' bezeichnet: Vorstellung.

[3]) Hierzu eine Bemerkung: Kant spricht inderthat von dem Ding an sich als dem Übersinnlichen, dessen Idee man der Möglichkeit der Gegenstände der Erfahrung unterlegen muss, und kurz darauf von dem Gebiete des Freiheitsbegriffs als dem Übersinnlichen und beide Male wird das Übersinnliche im Gegensatz zum Naturbegriff genannt, während als Objekt des Freiheitsbegriffs das Ding an sich bezeichnet wird, sodass der Schluss: Ding an sich = Freiheit allerdings nahe liegt. (Kant, Kr. d. U. Einl. II. S. W. VII., S. 13.) Indessen nennt Kant nie das Ding an sich: Freiheit, und K. Fischer muss sich häufiger neben den Stellen, welche er für Kants „deutliches Bewusstsein" dieser Identität anzieht, auf den „Geist unseres Philosophen" berufen, sodass Schopenhauers obengenannte zweifelnde Bemerkung wenigstens nicht unerklärlich erscheinen kann.

müssen, d. h. mit dem Ding an sich notwendigerweise identisch. (S. 246.)

Die kantische Erkenntnis- und Freiheitslehre oder, was dasselbe heisst, der Natur- und Freiheitsbegriff vereinigen sich in der kantischen Entwicklungslehre. „Die Vernunftkritik vollendet sich in der teleologischen Weltbetrachtung und gelangt, indem sie dieselbe ausführt, zu einer systematischen Ansicht der Dinge." (S. 214, cf. S. 247.)

Die Zweckmässigkeit, welcher Art sie auch sei, besteht in der Übereinstimmung der Sache mit einem Zwecke oder einer Absicht, die eine absichtsvolle Thätigkeit, also eine zweckthätige Kraft und ein zwecksetzendes Vermögen, d. h. Wille und Freiheit voraussetzt. „Die gesamte Weltentwicklung oder Weltordnung ist die Erscheinung der Freiheit." Denn „da ohne Zweck oder Absicht, d. h. ohne Wille oder Freiheit, die Zweckmässigkeit weder sein noch vorgestellt werden kann, und alle Entwicklung als zweckmässig beurteilt werden muss, so gilt die letztere als die **Erscheinung der Freiheit** oder des Dinges an sich." (Ebenda.) Die Weltentwicklung gilt aber auch als „**zunehmende Offenbarung der Freiheit.** Was in der mechanischen Welt gar nicht offenbar, oder völlig verhüllt ist, drängt sich in der organischen schon so weit hervor, dass wir die Lebenserscheinungen ohne die Vorstellung ihrer inneren Zweckmässigkeit nicht einmal vollständig erfahren können; in der moralischen ist es völlig offenbar und gegenwärtig. In der organischen Weltentwicklung nehmen wir den Zweck noch auf unsere Rechnung, in der moralischen ist er die Sache selbst." (S. 218/9.)

Der Naturbegriff kann seine Gegenstände in der Anschauung als blosse Erscheinungen, der Freiheitsbegriff dagegen in seinem Objekte ein Ding an sich, wenn auch nicht in der Anschauung, vorstellig machen und ihm praktische Realität verschaffen. Die teleologische Betrachtung überbrückt die „unübersehbare Kluft" zwischen dem Gebiete des Naturbegriffs und dem des Freiheitsbegriffs, so, dass der Freiheitsbegriff den durch seine Gesetze aufgegebenen Zweck in der Sinnenwelt wirklich machen soll, und die Natur folglich so gedacht werden kann, dass die Gesetzmässigkeit ihrer Form wenigstens zur Möglichkeit der in ihr zu bewirkenden Zwecke nach Freiheitsgesetzen zusammenstimmt. Es gibt einen Grund der Einheit des Übersinnlichen, welches der Natur zum Grunde liegt, mit dem, was der Freiheitsbegriff praktisch enthält, und der Begriff von diesem Einheitsgrunde ermöglicht den Übergang von der Denkungsart nach den Principien der einen, zu der nach Principien der anderen.[1]) „Was der Freiheitsbegriff praktisch enthält": ist der moralische Endzweck, demnach die ‚Einheit des Übersinnlichen'; der Grund dieser Einheit: der Wille oder die Freiheit. „Die Vereinigung der Natur und Freiheit besteht in dem Begriffe der natürlichen Freiheit, oder Zweckmässigkeit, nach deren Richtschnur wir die organischen Erscheinungen betrachten und beurteilen müssen. Von der natürlichen Notwendigkeit oder dem Mechanismus der Dinge haben wir eine theoretische Erkenntnis, von der moralischen Freiheit eine praktische, von der natürlichen Freiheit gar keine, d. h. der Wille oder die Freiheit in der Natur ist unerkennbar, die natürlichen Zwecke oder Endursachen sind zwar notwendig vorzustellen, aber nie zu erkennen." (S. 217, zu vergl. Kant, Dialekt. d. teleol. Urtlskrft. § 78. S. W. VII, 291.) „Wir müssen die Entwicklung der Dinge teleologisch vorstellen und universell fassen, wir müssen ihre Geltung auf das gesamte Weltall ausdehnen, aber ihre Erkennbarkeit auf die moralische Ordnung der Dinge einschränken, da uns alle Zwecke bloss aus dem Willen und dieser nur aus der eigenen praktischen Vernunft einleuchtet. Daher bleibt, wie die Zwecke überhaupt, auch die Entwickelung der Dinge theoretisch unerkennbar." (S. 248.)

Die Kantische Philosophie lehrt die Unerkennbarkeit des Dinges an sich und die Erkennbarkeit der Erscheinung. Da nun aber Entwicklung doch Erscheinung, alle Erscheinungen indess Gegenstände unserer Erfahrung oder theoretischen Erkenntnis sind, so ist hier ein Widerspruch in der kantischen Entwicklungslehre zu constatieren und sie „sieht sich vor das Dilemma gestellt: entweder muss der einleuchtende, erkennbare d. h. phänomenale Charakter der Entwicklung verneint, oder die Erkennbarkeit des Dinges an sich bejaht werden, und zwar nicht bloss die praktische und moralische Erkennbarkeit, sondern

---

[1]) cf. Kant, Krit. d. Urtlskrft., Einleitung II, S. W. VII, S. 14. K. Fischer, S. 216, wo beim Citat der correspondierenden Stelle aus der ‚Dialkt. d. teleol. Urtlskrft.' der Druckfehler S. 231 in: 291 zu berichtigen ist.

auch die theoretische und wissenschaftliche." (ibid.) Die Vernunftkritik gibt selbst zu dieser erweiterten Erkenntnis das Recht, denn sie muss „eine Erkenntnis einräumen, die weder praktisch (moralisch) ist, noch sinnliche Dinge oder Erscheinungen zu Gegenständen hat: diese Erkenntnis ist sie selbst, sofern sie auf dem Wege ihrer Forschung die Bedingungen ihrer Erfahrung begründet und einsieht." (S. 249.) Als solche ist sie transcendentale Erkenntnis und hat den Charakter der theoretischen, nicht empirischen Erkenntnis. Somit, meint K. Fischer, „geht die Vernunftkritik mit ihren eigenen (transcendentalen und theoretischen) Einsichten über die Grenzen hinaus, welche sie selbst aller theoretischen Erkenntnis als unübersteigliche Schranke gesetzt hat." (S. 250.) Ist nun „die Erkenntnislehre selbst eine wissenschaftliche, (theoretische) Erkenntnis, und gründet sich die Entwickelungslehre auf den Begriff des Zwecks, ohne welchen keinerlei Entwicklung als solche einleuchtet: so darf dieser Begriff (des Zweckes) nicht bloss als ein moralisches Princip zur Erkenntnis der sittlichen Ordnung der Dinge, und nicht bloss als eine Maxime der Reflexion zur Beurteilung der organischen Welt angesehen werden, sondern er ist ein Erkenntnisprincip, welches für die gesamte erkennbare Weltordnung, die natürliche wie die moralische, gilt." (S. 251.) Demnach ist auch die menschliche Vernunft erkennbar.

Kant begründet die Unerkennbarkeit der Naturzwecke durch die Unmöglichkeit einer bewusstlosen Intelligenz, oder eines blinden Willens. Aber Kant nimmt doch einen solchen an, indem er von dem „Mechanismus der Neigungen" in der menschlichen Natur spricht, welche die sittlichen Lebenszwecke, ohne sie zu erkennen und zu wollen, fördern. Er durfte also eine solche bewusstlose Intelligenz in der organischen Welt (sofern sie nicht menschliche ist) keineswegs in Abrede stellen. Kant hätte demnach auch die Möglichkeit und Erkennbarkeit der Naturzwecke als Wirkung einer bewusstlosen Intelligenz ebenso wie die unbewusste Wirksamkeit unserer intellektuellen Vermögen gelten lassen müssen. Unser reflectierendes Bewusstsein findet nämlich eine einheitliche und gemeinsame Sinnenwelt als Thatsache vor. Da aber die Sinnlichkeit nur viele und mannigfaltige Dinge zu geben vermag, muss es ein Vermögen geben, welches die Synthesis¹) des Mannigfaltigen vollzieht und zwar bewusstlos, weil unser Bewusstsein diese Synthesis schon als gegeben vorfindet. Dieses dem Bewusstsein vorausgehende Vermögen ist die productive und intellektuelle Einbildungskraft die Kant an die Spitze seiner Kategorienlehre stellt und wovon er sagt:²) „Die Synthesis überhaupt ist die blosse Wirkung der Einbildungskraft, einer blinden, obgleich unentbehrlichen Funktion der Seele, ohne die wir überall gar keine Erkenntnis haben würden, der wir uns aber selten nur einmal bewusst sind. Allein diese Synthesis auf Begriffe zu bringen, das ist eine Funktion, die dem Verstande zukommt und wodurch er uns allererst die Erkenntnis in eigentlicher Bedeutung verschafft." —

Kant hat die Schlussfolgerung nicht gezogen, dass er eine bewusstlose Intelligenz oder einen blinden Willen für die gesamte organisierte Welt hätte annehmen müssen, wenn er sie einmal dem Menschen zuschrieb. Die Zwecke bleiben ihm unerkennbar und im Grunde unmöglich, weil sie durch Wille und Intelligenz gesetzt sein müssten, aber ihm zufolge eine, auch nur bewusstlose Intelligenz dem Begriffe der Materie widerstreitet. Da es nun aber lebendige und organisierte Materie gibt, die wir uns ohne zweckmässige Einrichtung nicht vorstellen können, so musste Kant seine teleologische Lebens- und Weltanschauung theistisch begründen. Infolgedessen erscheinen die inneren Naturzwecke als göttliche Absichten, und damit wird Leben und natürliche Entwicklung in die Sphäre des Unerkennbaren und Unerklärlichen hinaufgerückt, während der Zweckbegriff nur subjektive Geltung behielt. Aber Kant durfte dem Zweckbegriffe in der Natur keinesfalls eine bloss subjektive Geltung und Notwendigkeit zuschreiben; denn wenn er den Endzweck der Dinge, insbesondere den Ursprung des Lebens, theistisch aus dem Ursprung der Dinge ableitet, so erkennt er damit eine zweckthätige Kraft an, die keineswegs bloss unsere Vorstellung ist. In Bezug darauf kommt K. Fischer zu dem Schlusse: „wenn Kant die Erkennbarkeit

---

¹) Krit. d. rein. Vern. Elem. II. Tl. 1. Abt. 1. Bch. 1. Hptst. 3. Absch. § 10. S. W. II, 109: „Ich verstehe aber unter Synthesis . . die Handlung, verschiedene Vorstellungen zu einander hinzuzuthun und ihre Mannigfaltigkeit in einer Erkenntnis zu begreifen."
²) Ebendas. S. W. II. S. 109.

der inneren Naturzwecke überhaupt verneint, so widerstreitet dem seine Lehre von den **Naturzwecken des menschlichen Lebens**, die er als einen völlig erkennbaren und zweckmässigen Mechanismus der Neigungen betrachtet, wodurch der naturgeschichtliche Gang der Menschheit zur sittlichen Entwicklung gedrängt, und das Ziel der letzeren unbewusst und ungewollt (zwar nicht erreicht, aber) befördert wird. Wenn Kant die Möglichkeit einer unbewussten Intelligenz und Zweckthätigkeit, als welche den inneren Naturzwecken zugrunde liegen müsste, verneint, so widerstreitet dem nicht blos seine Sittenlehre in dem eben angeführten Punkte, sondern auch seine Erkenntnislehre, nämlich die Vernunftkritik selbst in ihrer Deduction der reinen Verstandesbegriffe, insbesondere in ihrer Lehre von der produktiven Einbildung als einer ‚blinden, obwohl unentbehrlichen Funktion der Seele, ohne welche wir überhaupt gar keine Erkenntnis haben würden'." (S. 252-254).

Ebenso folgerichtig wie die Erkennbarkeit der menschlichen Naturzwecke und der blinden Intelligenz muss man die Erkennbarkeit des Lebens und der Schönheit annehmen. Denn wenn Kant lehrt, dass alle Erscheinungen aus den subjektiven Bedingungen unserer Vernunft hervorgehen, so widerstreitet dem seine Ansicht von den organischen Erscheinungen. Jenen Bedingungen gemäss darf es in der gesamten Sinnenwelt keine Objekte geben, die nicht aus solchen Teilen zusammengesetzt sind, die dem Ganzen vorausgehen; daher lehrt Kant, dass alle Erscheinungen „nur mechanisch erkennbar sind." Nun sind aber die lebendigen Körper Objekte, bei denen nicht das Ganze aus den Teilen, sondern die Teile aus dem Ganzen entstehen. Kant folgert nun: hätten wir einen intuitiven Verstand, der das Ganze vor seinen Teilen anschauen und diese aus jenem herleiten könnte, dann wäre auch der Organismus mechanisch erkennbar; in Ermangelung eines solchen intuitiven Verstandes müssen wir die Einrichtung und die Teile des Organismus aus der Idee des Ganzen herleiten und ihn deshalb teleologisch beurteilen. Wenn demnach aber nicht der **Charakter** des Organismus, sondern nur die teleologische Vorstellung desselben auf die Rechnung unserer Vernunft kommt, so lässt sich gerade das, was die lebendigen Erscheinungen charakterisiert, nicht aus den subjektiven Bedingungen unserer Vernunft herleiten und ist nicht in der allgemeinen, sondern in der specifischen Gesetzmässigkeit oder Eigenart der Erscheinungen selbst begründet. Dass es lebendige Dinge giebt, dass uns Leben in der Sinnenwelt erscheint, macht uns die Vernunftkritik nicht begreiflich. Aber die Thatsache und Erscheinung des Lebens ist doch unleugbar. Der erzeugende Grund desselben gehört unter die Dinge an sich, die in Wahrheit Wille sind: Das Princip der intelligiblen und moralischen Weltordnung. K. Fischer sagt: „Wir sind genötigt, jenen erzeugenden Grund des Lebens als inneren Naturzweck, d. h. als unbewusste Intelligenz und blinden Willen vorzustellen, und können nun diese Vorstellung nicht mehr für eine blosse Idee halten, die wir der Erscheinung des Lebens hinzufügen, da ohne die Realität und Wirksamkeit innerer Naturzwecke, d. h. ohne blinden Willen, die Thatsache und Erscheinung des Lebens überhaupt nicht stattfinden, also jede Hinzufügung vonseiten unserer Vernunft gegenstandslos sein würde. Jenes Ganze, welches sich differenziert, teilt und gliedert, ist der bestimmte Lebenszweck oder Wille zum Leben, das sich bethätigen, und zu seinen Funktionen die notwendigen Organe entwickeln muss." (S. 256.) Die Erkennbarkeit des Dinges an sich hat Kant zwar in der Vernunftkritik in Abrede gestellt, aber die Kritik der praktischen Vernunft und der Urteilskraft haben auf das Ding an sich ein helleres Licht fallen lassen, als die Kritik der reinen Vernunft voraussah. Letzterer zufolge sind die Dinge an sich das Substratum unserer Vernunftbeschaffenheit wie der Erscheinungen, von diesen aber völlig zu unterscheiden, und als der unbekannte Urgrund der Dinge zu denken, als welche sie das unauflösliche Rätsel der Welt vorstellen. Aber soviel erfahren wir aus der Vernunftkritik doch schon, dass die Dinge an sich notwendige Ideen sind, die den Urgrund alles Seins, den Urgrund der Dinge, zu ihrem Thema haben, dass diese Urgründe die Seele, die Welt als Ganzes und Gott sind; dass unter den Weltideen die transcendentale Freiheit der denkbare Urgrund aller Erscheinungen und ihrer naturgesetzlichen Ordnung sein kann, dass uns die Ideen als Ziele der Erfahrung dienen, welche, wenn auch nicht zu erreichen, so doch zu erstreben sind, um sich einem Erkenntnissysteme zu nähern, welches ein Ganzes aus einem Gusse bildet. Die Ideen sollen indess nur als Maximen unserer Erkenntnis, nicht als Principien der Dinge gelten.

Weiter geht schon die Methodenlehre der reinen Vernunft, indem sie in ihrem Kanon die Möglichkeit zu einer Erkenntnis der Dinge an sich aufgrund sittlicher Gesetze durch moralische, subjektive oder persönliche Gewissheit eröffnet, wenn dieselbe auch nur praktisch zu nehmen und als Glaube zu bezeichnen ist. — Die Kritik der praktischen Vernunft lehrt, dass das Ding an sich der Wille ist, der unserer Vernunft als Realität und Kraft einleuchtet. Die Weltgeschichte erscheint von nun an als die notwendige Entwickelung und Erscheinung der Freiheit. — Die Kritik der Urteilskraft lehrt das Gleiche auch von der naturgeschichtlichen Entwickelung der Welt. Auch sie ist Erscheinung des Willens und der Freiheit. Der Wille ist das Ding an sich, welches den Erscheinungen zu grunde liegt, und ihren empirischen Charakter so eigenartig gestaltet, dass wir genötigt sind ihre Formen ästhetisch und ihr Leben teleologisch zu beurteilen. Ohne natürliche Freiheit im empirischen Charakter der Dinge giebt es keine Entwicklung, kein Leben, — keinen Gegenstand der teleologischen Urteilskraft. Von der Möglichkeit, dass den Körpern und den Gedanken ein und dasselbe Ding an sich zu grunde liegt, hatte schon die Kritik der reinen Vernunft gesprochen.[1]) Die Kritik der Urteilskraft spricht von dieser Einheit mit völliger Gewissheit: „Also muss es doch einen Grund der Einheit des Übersinnlichen, welches der Natur zu Grunde liegt, mit dem, was der Freiheitsbegriff praktisch enthält, geben."[2])

So kommt K. Fischer zu dem Egebnisse, dass Kants System auf dem Wege der drei kritischen Hauptwerke eine Ausbildung gewonnen hat, für welche die erste Grundlage weder berechnet war, noch ausreichte. Hatte das zweite Werk die erkennende Vernunft von dem Gesetze der moralischen Freiheit abhängig gemacht, so hat das dritte in der Schönheit wie in dem Leben der Erscheinungen den Charakter der natürlichen Freiheit entdeckt.

[1]) Nachträge, II. Zu der Lehre von den Paralogismen der reinen Vernunft. S. W. II, S. 667.
[2]) S. W. VII, S. 14.

Das auf der Linie dieses Gesamturteils sich bewegende Urteil K. Fischers über Kants Stellung zur Teleologie dürfen wir dahin präcisieren, dass Kants Stellung im dritten Hauptwerke keine völlig consequente sei, dass vielmehr aus den kantischen Prämissen, nämlich aus der Annahme einer bisweilen bewusstlos wirkenden Intelligenz im Menschen, auch auf das Vorhandensein einer solchen Intelligenz in der gesamten organisierten Natur geschlossen werden müsse, sodass dann der Zweckbegriff in der Natur nicht nur praktische (moralische) Giltigkeit für die reflectierende Urteilskraft, sondern auch — wegen des ihm zu Grunde liegenden, erkennbaren Dinges an sich = Wille — wissenschaftliche, (theoretische) Erkennbarkeit besitze, während Kant nur die erstere Art des Erkennens gelten lassen will und die Schlussfolgerung auf letztere nicht gezogen hat. Kant hält also die Annahme des Zweckes in der Natur für einen synthetischen Satz von nur praktischer Giltigkeit, K. Fischer hält diesen Satz wegen der Erkennbarkeit des den Zweck verursachenden Dinges an sich für einen analytischen mit theoretischer Berechtigung. —

Trotz dieser Heterozetese im Kantischen Schlussresultat bleibt Kants Verdienst: die Anwendung der Kategorie der praktischen Vernunft auf den Gegenstand der theoretischen, ungeschmälert.

W. Windelband bezeichnet (Geschichte der Philosophie, Freiburg 1892. S. 442) gerade diese That als die höchste Synthesis der kritischen Philosophie. Er resümiert (a. a. O.) mit Kant: „Es ist von vorn herein klar, dass diese Anwendung selbst weder theoretisch noch praktisch, weder ein Erkennen noch ein Wollen sein kann: sie ist nur eine Betrachtung der Natur unter dem Gesichtspunkte der Zweckmässigkeit." Der Satz: Die Natur ist zweckmässig; gilt nach Kant nur seiner Form nach, und ist als formaler Satz ein synthetisches Urteil, welches über die Natur gefällt wird, lediglich in der Absicht, unsern Erfahrungsbegriff zu erweitern, jedoch keineswegs dadurch, dass wir zu den bereits bekannten empirischen Naturbegriffen einfach den Begriff der Zweckmässigkeit hinzufügen, vielmehr so, dass uns dieser Begriff nur als Mittel dient, durch seine Anwendung unsere Erfahrung von der Natur zu erweitern. Die kritische Teleologie bleibt auf die Grenzbegriffe der mechanischen Naturerklärung beschränkt, deren erster das Leben ist. Die wechselseitige Causalität des Ganzen, wie der Teile im Organismus ist mechanisch unbegreiflich, und dieses, auf sich selbst bezogene Spiel der Formen und Kräfte macht im Organismus den Eindruck des Zweckmässigen. Darum ist die teleologische Betrachtung der Organismen notwendig und allgemein giltig. Diese Betrachtungsweise muss „als heuristisches Princip für die Aufsuchung der mechanischen Zusammenhänge dienen, mittels deren sie sich in jedem einzelnen Falle realisirt." (S. 445/6.) Die kantische Specification der Natur drängt aber dazu, dieses heuristische Princip nicht auf die Organismen einzuschränken, vielmehr auf die Natur als Ganzes auszudehnen. Erscheint so die gesamte Natur „als in dem Sinne zweckmässig, dass in ihr die allgemeinen Formen und die besonderen Inhaltsbestimmungen völlig mit einander übereinstimmen, so erscheint der göttliche Geist als die Vernunft, welche mit ihren Formen zugleich den Inhalt erzeugt, als **intellektuelle Anschauung** oder **intuitiver Verstand**. In diesem Begriffe laufen die Ideen der drei Kritiken zusammen." (S. 446.)

Die Antinomie in der Ableitung der Gesetze des natürlichen Geschehens aus den Principien des Mechanismus oder der Teleologie leidet an dem πρῶτον ψεῦδος der Vindicierung einer gleichen Gesetzmässigkeit für beide Principien. Die Antinomie erweist sich demnach als eine Subreption durch eine *quaternio terminorum* und mit Recht hält H. Cohen (Kants Begründung der Ästethik, Berlin 1889) den Streit über die Bedeutung des Zweckes für erledigt in dem kantischen Grundgedanken: „Dass der Zweck nicht selbst ein Gesetz ist, noch solches enthält, sondern lediglich auf ein solches Gesetz hinweist und zu ihm hinführt. Darin liegt sein Unterschied von den synthetischen Grundsätzen, die selber Gesetze sind oder solche enthalten. Daher sind sie Principien der Deduction, während der Zweck ausschliesslich als Princip der Induction methodischen Wert hat: er führt auf ein Gesetz hin, aber aus ihm kann kein Gesetz erschlossen werden." (S. 117.) Indessen zeigt sich die Meisterschaft dieser negativen Beschränkung in der positiven Leistung, dass der Zweckgedanke nicht nur das Princip aller systematischen Classification, aller inductiven Gliederung, sondern auch das heuristische Princip zur Auffindung von Gesetzen werden konnte. Ihm ist es zu danken, dass keine Kluft zwischen Naturbeschreibung und Naturerklärung bestehen bleibt, „denn die Beschreibung, welche der Zweck ordnet, weist auf die Erklärung hin und zwar . . auf das Gebiet von Gesetzen, in welchem allein die Erklärungen wurzeln, sie masst sich nicht an, selbst die Erklärung zu versuchen." *(ibid.)* Das Zweckprincip bildet nur das Forum, bei welchem das Problem anhängig gemacht wird, und kommt bei einer solchen Selbstbescheidung nicht in Collision mit der Causalität als der Funktion der Gesetze. Es enthält also nicht eine Lösung, aber es bietet an Stelle unzulänglicher Formeln der Mechanik eine dem Organismus adäquate Aufgabe. Der mathematischen Erfahrung ist die Schranke gezogen, nur die Gegenstände der Natur, nicht aber ihre Formen, die morphologische Struktur der Stoffe darzustellen. Diese Schranke zu überschreiten ist die Aufgabe, welche das Zweckprincip sich stellt: „Es erheben sich hier die tiefsinnigsten Begriffe der kantischen Lehre." Zunächst entsteht der Gedanke von der intelligiblen Zufälligkeit aller Erfahrung und „vor diesem Abgrund erhebt sich der Unterschied und Gegensatz von Ding an sich und Erscheinung." (S. 120.) Der Sinn der Zweckidee Kants ist jedoch nicht der anthropomorphe Zweck, (die kritische Teleologie lehnt die Analogie mit der Kunst ab) und bildet auch keinen Gegensatz zur Causalität, vieleher stellt sie sich dar a's deren Ergänzung, da, wo die Schranken der Naturwissenschaft erkennbar werden. Die Freiheit vertritt das Princip der sittlichen Individualität, auf welcher die Würde des Menschen beruht. Die Zweckidee, welche in dem sittlichen Wesen ein Unbedingtes aufstellt, mahnt den Menschen an diese Würde und lässt ihn sich nicht mit beschränkter mathematischer Einsicht beruhigen. Das sittliche Wesen ist auch nicht nur ein Zweck, der nur darin sich erfüllte, dass er als Mittel kommt, geht und wirkt, es ist vielmehr Selbstzweck oder Endzweck, denn in seinem Selbst liegt der Zweck seines Daseins. „Seine Autonomie ist zugleich Autotelie." (S. 140.) „So beweist sich die Freiheit als praktische Idee, indem sie sich als Zweckprincip bewährt — und, den Naturgesetzen ursprünglich fremd, sie vielmehr über ihre eigene Competenz hinaus erweiternd und erhöhend, ersteht das Subjekt der Sittlichkeit lediglich unter dem Gesichtspunkte des, einen neuen Himmel und eine neue Erde schaffenden Zweckes." (S. 134/5.)

Kants Formen sind dabei weder Gehirnformen, wie Schopenhauer ungeheuerlicher Weise behauptet, noch Seelenformen; weder leere Gefässe, wie Herbart höhnt, noch angeborene Präformationen, sondern sie sind sachliche Bedingungen als Voraussetzungen und Grundlagen, welche allen Richtungen des Bewusstseins vorgesteckt sind. (S. 233.)[1])

Unerörtert blieb bisher die Frage, wie Kant die Beziehung der disparaten Begriffe der Naturgesetze und des empirischen Erkennens hergestellt habe. Ist die Synthesis in der Annahme der Ideen vollzogen und wie erweisen sich diese als der gemeinsame Boden, der eine Inbezugsetzung und Subsumption beider Begriffe ermöglicht?

August Stadler (Kants Teleologie und ihre erkenntnistheoretische Bedeutung, Berlin 1874) beantwortet die Frage dahin, dass die Kritik der Urteilskraft durch die Unterordnung des Naturbegriffs unter den Freiheitsbegriff die reale Gesetzmässigkeit auf eine ideale bezieht, der wir das übersinnliche Substrat der Natur unterworfen denken. (S. 148). Als erkenntnistheoretischer Ertrag der kantischen Vernunftkritik gilt ihm „der neue Begriff der Natur und ihrer allgemeinen Gesetze, welcher aufgezeigt wird als zusammenfallend mit dem Begriffe der Erfahrung und ihrer Bedingungen." (S. 20). Bezüglich des Anteiles, welchen die drei kritischen Hauptwerke an diesem Resultate haben, gelangt auch Stadler zu der Progression: „Die Kritik der reinen Vernunft liess die Welt des Intelligiblen gänzlich unbestimmt; die praktische gab ihr im Sittengesetz ihre Bestimmung; die Urteilskraft vermittelt die Bestimmbarkeit der Natur durch die Idee des Übersinnlichen." (S. 148). Dies Ergebnis erscheint ihm von hoher Bedeutung für den inneren Zusammenhang der kantischen Philosophie, da es den Wert der

---

[1]) Dagegen Vaihinger, (Commentar zu Kants Krit. d. r. Vern. II. Bd. Stuttg., Berl., Lpzg. 1892) S. 81ff. Er präcisiert Kants Meinung dahin, dass dieser unter Form eine lebendige Funktion des Subjekts versteht, ein ordnendes Organ desselben, also auch eine Art Substrat, in dem sich erst die Empfindungen ordnen. cf. S. 61 f. über das scholastische Princip: *forma dat esse rei*.

vielfach unterschätzten Kritik der Urteilskraft ans Licht stellt, indem es die natürliche Consequenz der allgemeinen Resultate dieser Schrift bildet. Letztere dient also nicht einseitig dem Wunsche, die Kluft zwischen Natur und Freiheit auszufüllen, sondern bildet mit ihrem erkenntnistheoretischen Ertrage den Schlussstein dieses Flügels der kantischen Philosophie. Indessen, wenn man aus Kants Darstellung der Teleologie wirkliche Aufklärung und Befriedigung schöpfen will, muss man schärfer als Kant es gethan hat, die drei Anwendungen des Begriffs der Zweckmässigkeit scheiden, nämlich: 1) die formale Zweckmässigkeit der Natur, welche die Angemessenheit der Natur in ihrer empirischen Mannigfaltigkeit zu einer logischen Bearbeitung bedeutet; 2) die ästhetische Zweckmässigkeit der Natur, welche die Beziehung der Naturformen zu dem subjektiven Gefühle der Lust bedeutet; 3) die objektive Zweckmässigkeit der Natur, welche die Einheit von Naturformen an sich selbst, scheinbar ohne Rücksicht auf eine durch die Natur unserer Erkenntnisvermögen geforderte Übereinstimmung bedeutet. (S. 112, 114.) Das Bedürfnis dieser schärferen Auseinanderhaltung kann aber so wenig wie das Zugeständnis der stellenweisen Dunkelheit in der Kantischen Darlegung Stadlers Endurteil beeinflussen, „dass Kant in kritisch befriedigender Weise vom Zweckbegriffe, jenem Fremdling in der Naturwissenschaft, den Ursprung enthüllt, die Ansprüche geregelt und die richtige Verwendung begründet habe." (S. 151.)

Wir sind am Schlusse. Die Stellung Kants zur Teleologie und Physicotheologie ist durch die im ersten Teile aus den kritischen Hauptschriften herauspräparierten Objekte ersichtlich; der geschichtliche Teil wollte die Biogenese des teleologischen Gedankens liefern; die Führung berufener Kantkritiker, welcher wir uns nachgehends beim Überschauen des Ganzen anvertrauten, sollte neben der Klärung, welche wir der Interpretation und dem Urteile des Technikers verdanken, vor allem die Controle dafür bilden, dass wir uns in dem weitläufigen Gebäude der kantischen Struktur nicht verirrt, vielmehr die Linien des Grundrisses vom Fundamente bis zum Dache mit genügender Deutlichkeit unterschieden hatten. Die Frage nach Grund und Ausdehnung der Berechtigung des teleologischen Gedankens überhaupt nach allgemeinen Gesichtspunkten und Grundsätzen zu beantworten, erschien als ausserhalb der thematischen Aufgabe liegend.[1]) Von welcher Wichtigkeit er indess für eine Wissenschaftslehre werden kann, mag letztlich der Hinweis auf ein concretes Beispiel der Naturwissenschaft zeigen.

Das Auftreten der Darwin'schen Descendenztheorie hat die Frage nach der Berechtigung der Teleologie wieder flagrant gemacht. In dieser Theorie wird der Process der Ausbildung der organischen Formen unter dem teleologischen Gesichtspunkte der Lebensfähigkeit betrachtet. Für Darwins sogen. natürliches System gilt die Möglichkeit der Gruppierung aller organischen Wesen und die Subordination der Gruppen als gegebene Thatsache. Er operiert mit den Faktoren der Erblichkeit, um die Homogeneität der Formen zu erklären, der Anpassung, zur Erklärung der Varietät der Formen, der progressiven Vererbung, durch welche die Continuität der organischen Formen gewährleistet werden soll: Processe, die ihm als Urphänomene gelten und im Selektionsprincip und seinen Folgen sich auswirken. Inderthat vermag diese Theorie nicht wenige vorher unbekannte Naturvorgänge auf diesem Wege einleuchten zu machen, wenn auch die Frage nach dem Verbleib der durch eine lückenlose Aufeinanderfolge der Naturformen (gemäss dem Kanon: *natura non facit saltum*) in einem einmaligen Entwicklungsprocesse notwendiger Weise zu supponierenden Übergangsformen, durch welche die vorhandenen Differenzierungen der Naturformen als durch Zwischenglieder erst zu einer zusammenhängenden Kette verknüpft werden, kurz: die Frage nach dem Verbleib der Interpolationsformen bisher noch vergeblich einer genügenden Beantwortung harrt. Aber gesetzt auch, diese wäre oder würde gegeben und damit das Wie? der Entstehung endgiltig nachgewiesen, so fände trotzdem die Frage nach dem Warum? durch die *causae occasionales* keine zutreffende Beantwortung. Der Darwinismus befasst sich nur mit den Mitteln des Naturgeschehens und im Verfolg dieser Aufgabe verfährt er durchaus teleologisch. Von einem Plane des Naturgeschehens, wie ihn etwa Aristoteles aufzuspüren sucht, weiss er nichts, obwohl die aristotelischen Begriffe von δύναμις (ἐνέργεια), τέλος und ὄρεξις, sowie die stufenförmig aus und nach den Principien der ὕλη

---

[1]) Vergl. zu dieser Frage: Frz. Erhardt, Mechanismus und Teleologie, eine Abhandlung über die Principien der Naturforschung. Leipzig 1890.

und εἶδος sich entwickelnden Naturdinge im Darwinismus ihre durchaus entsprechenden Correlate finden. Andere Principien des letzteren, wie das des Überlebens der zweckmässigen Naturformen, die sich allein im Unterschiede zu minderwertigen im Laufe der Zeit lebensfähig erhalten, finden sich deutlich genug schon bei Empedokles präformiert, während die Variabilität und insonderheit die Migrationstheorie bereits ein Analogon findet in einer dem Anaximander zugeschriebenen Äusserung, welche eine Umwandlung der Organismen durch Anpassung an veränderte Lebensbedingungen lehrt. (Arist. phys. II, 8, 198.) Ohne Zuhilfenahme der Teleologie — das hat Darwin richtig erkannt — ist das Problem nicht lösbar. Der Erfolg und wissenschaftliche Ertrag der Darwin'schen Theorie wird davon abhängen, inwieweit sie die von Kant gegebenen erkenntnistheoretischen Linien innehält und in gerader Richtung weiterführt. Aber diese werden neben der unausgesetzten Anwendung der logischen Instrumente für jede empirische Wissenschaft nicht zum wenigsten dann einen Fortschritt inaugurieren, wenn sie in immer schärferen Umrissen die für menschliches Erkennen unübersteigliche Grenze markiert haben werden.